KB205371

하나님, 말씀, 그리고 교회

하나님, 말씀, 그리고 교회

초판 1쇄 인쇄 2023년 6월 21일
초판 2쇄 발행 2023년 10월 18일

지은이 이충만
펴낸이 유동휘
펴낸곳 SFC출판부
등록 제104-95-65000
주소 (06593) 서울특별시 서초구 고무래로 10-5 2층 SFC출판부
Tel (02)596-8493
Fax 0505-300-5437
홈페이지 www.sfcbooks.com
이메일 sfcbooks@sfcbooks.com
기획·편집 최성욱
디자인편집 최건호
ISBN 979-11-87942-85-6 (03230)
값 9,000원

더 나은 삶을 위한

신앙 한걸음 더

시리즈 **03**

하나님, 말씀, 그리고 교회

무신론의 세상에서 유신론자로 살기

이충만 지음

SFC

목차

시작하는 글

'그래서 도대체 개혁주의란 무엇입니까?'

이 질문은 개혁주의를 소개하는 글을 읽거나 강의를 들은 독자라면 충분히 공감할 만합니다. 그렇다고 이 질문이 개혁주의를 설명하고 이해하고자 시도한 다양한 노력이 무의미함을 의미하지 않습니다. 오히려 이 질문은 많은 사람의 수고와는 무관하게 개혁주의가 무엇인지를 이해한다는 것이 얼마나 어려운 일인지를 말해줍니다.

그렇다면 왜 개혁주의는 이해하기 어렵습니까?

이 질문에 대한 답을 교회와 캠퍼스에서 복음을 전하는 SFCStudent For Christ, 학생신앙운동의 '강령'이 말해 주고 있습니다. SFC 강령은 "전통적 웨스트민스터 신앙고백서 및 대소교리 문답을" 신조로 삼고 있다고 밝힙니다. 곧, SFC 운동은 장로교 전통의 개혁주의 신학을 따릅니다. 이와 관련하여, 강령은 마지막에 세 가지 '중심'들을 명시합니다. '하나님 중심, 말씀 중심, 교회 중심'이 그것입니다. 이 세 가지 '중심'들은 <웨스트민스터 신앙고백서>와 <대소교리 문답>으로부터 도출되었습니다. 흥미로운 것은 SFC 강령이 이 세 가지 '중심'들을 '생활원리'로서 명명하고 있다는 점입니다.

개혁주의 신학을 대변하는 문서들을 통해 도출된 세 가지 '중심'들은 '생활원리'입니다! 생활은 동사이지 명사가 아닙니다. '삶'이라는 것은 멈춰 있거나 고정되지 않고 움직이며 역동적입니다. 고정된 것이어야 이해의 대상, 곧 개념화될 수 있는 객체일 수 있지만, '생활'이나 '삶'은 개념적 이해의 대상이 될 수 없는 변화무쌍한 움직임입니다. '생활원리'로서의 개혁주의는 명사이기 이전에 동사이기에, 개혁주의는 개념적 이해의 대상이기보다 실천적 삶의 문제입니다. 개혁주의를 이해하기 어려운 것은 개혁주의가 본래 이해의 대상이 아니라 삶의 실천이기 때문입니다.

이 책은 바로 개혁주의가 삶의 실천임을 다루고 있습니다. 여기에 실은 13편의 짧은 글들은 SFC의 성경 묵상집 <날마다주님과>에 2021년 1·2월부터 2023년 3·4월호까지 실린 칼럼입니다. 이 기간에 출판사는 개혁주의가 무엇인지를 소개하는 글을 부탁하였습니다. 그런데, 이 부탁은 오늘을 사는 젊은이들을 위해 개혁주의를 개념적으로 설명하지 않고 삶의 방식으로 소개해 주기를 원하는 바람이었습니다. 이러한 의도와 바람에 힘입어 이 책에 실린 칼럼들은 역사적 개혁주의를 운운하며 개념적인 지식을 전달하여 비좁고 답답한 책상 앞에서 이해하는 개혁주의를 소개하려 하지 않았습니다. 오히려 이 글들은 하나님과 말씀과 교회를 중심으로 생활하는 삶을 고민함으로써 하나님께서 만드신 드넓은 세상 가운데 개혁주의의 가르침을 따라 살아가는 기쁨과 유익, 그리고 고민을 나누고자 하였습니다.

이러한 바람과 의도에도 불구하고, 이 짧은 글들은 형식뿐만 아니라 내용에 있어서 조야합니다. 그런데도 출판사의 청을 수락하여 흩어진 칼럼들을 묶어 하나의 책으로 내놓는 이유는, 사도신경이 고백하는 '성도의 교제'를 위함입니다. 이 책을 통해 개혁주의의 가르침을 따라 사는 삶의 기쁨과 유익을 더 많은 독자와 나누고, 슬픔 중에도 함께 고민하고 서로를 격려함으로써 진실한 '성도의 교제'가 이루어지기를 바랍니다.

개혁주의의 아름다움을 글로 옮기기에 턱없이 부족한 저에게 2년이 넘는 기간 동안 지면을 할애하고, 또 그 원고들을 묶어 책으로 출판해 준 SFC출판부에 감사를 드립니다. 특히, 거의 매번 기한을 넘긴 원고를 함께 읽고 어색한 표현이나 불명확한 내용들을 교정하는 데 큰 도움을 주신 이의현, 최성욱 간사께 깊은 감사를 표합니다.

2023년 6월 5일

이충만

인간 중심, 하나님 중심

인간은 하나님의 모상*imago Dei*으로 창조되었습니다.
그러기에 '하나님 중심'이 인간을 참되게 중시하는 길입니다.

우리는 '세속화' 시대에 살고 있습니다. '세속화'라는 개념이 한국사회에 적합한가에 대한 종교사회학자들의 이견을 여기에 옮길 필요는 없겠습니다. 누군가가 "하나님은 더 이상 필요 없다."라고 강변하지 않더라도, 이런 생각은 만연합니다.

평범한 일상의 여기저기에서 찾아볼 수 있었던 '하나님'이라는 단어는 일찍이 사라졌습니다. 구내식당에서나 음식점에서 간간이 볼 수 있었던 수줍은 기도의 모습은 찾아보기 힘듭니다. 식당이나 사업장 벽면에 걸려 있던 상투적인 성경구절도 눈에 띄지 않습니다. '교회의 담장' 밖에서 '하나님'이라는 단어는 이제 잊혔습니다. 그야말로 세속화된 사회입니다.

세속화도 버거운데, '탈세속화'에 대한 논의도 있습니다. 기독교로 대표될 수 있는 종교의 힘이 근대화의 결과로 사라진 듯하였지만, 다시금 직간접적으로 다양한 분야에서 영향을 미친다는 것입니다. 혹자는 "기독교가 영향력을 다시금 행사할 수 있게 되었다면, 다행스러운 일이 아닌가?"라며 반색할지 모르겠습니다. 그러나 이러한 순진한 기대에 탈세속화가 부응하는 것 같지는 않아 보입니다.

캐나다의 철학자 찰스 테일러Charles Taylor가 분석하듯이, 세속화를 지나온 탈세속화는 '진정성의 문화'culture of authenticity이며, '표현적 개인주의'expressive individualism를 표방합니다. 탈세속화는 종교를 '개인의 진정성'을 '표현'하는 수단으로 이용하고 소비합니다. 따라서 교회에서도 '하나님'을 부르지만, 이것은 쌍방향의 교제를 위한 사랑의 대화

가 아니라 자신을 위해 '하나님'을 이용하려는 독백이 됩니다. '하나님
은 필요 없다.'라고 하는 시절을 지나 하나님을 '이용'하고 '소비'하는
시대로 접어들게 된 것입니다.

이러한 시대의 변환은 상황의 호전일까요, 아니면 악화일까요? 이
질문에 직접적인 대답을 유보하더라도, 세속화와 탈세속화는 성경이
말하는 하나님을 달가워하지 않거나 하나님을 벙어리로 만들어 끝내
침묵하게 만드는 것은 분명합니다. 이것이 우리가 살고 있는 오늘입니
다! 그렇다면, 개혁주의 생활원리인 '하나님 중심'이라는 구호는 정작
시대착오적인 것일까요?

인간은 근대화를 통해 미몽迷夢에서 깨어나 계몽啓蒙하였습니다. '미
몽'은 인간이 '하나님'이라는 존재의 안개 속에서 인간 자신이 누구인
지도 모르고 앞을 헤매며 여기저기를 더듬던 것이라면, '계몽'은 인간
이 삼라만상 안에서 '하나님' 없이도 스스로가 누구인지를 발견하고
계발할 수 있음을 의미했습니다. 근대는 '인간이란 어떤 존재인가'를
하나님 없이 재정의하려는 추구였습니다. 그러므로 근대의 면류관인
세속화는 하나님 없이 존재하는 인간의 발견입니다.

이 발견은 탈세속화에서 더욱 심화됩니다. 하나님으로부터 분리되
어 자립하는 인간을 찾아낸 세속화는 이제 한 인간 개체, 곧 '개인'의
가치를 극상시킵니다. 근대적 '인간'이 개인의 가치를 제물로 삼았다
면, 탈세속화는 개인으로서의 인간의 진정성을 추구합니다. '하나님'
으로부터 떠난 '인간'은 자유로운 한 개인으로서의 인간됨을 쫓습니
다. 세속화이든 탈세속화이든 관심의 대상은 인간이며, 더욱이 '나'라

는 '개인'입니다. 인간 중심!

다시 한 번 질문합시다. 그렇다면, '하나님 중심'이라는 구호는 시대 착오적인 것일까요?

이 질문에 대해 기독교 신앙은 '오래' 되었으나 오늘날에도 유효하기에 '새로운' 답을 알고 있습니다. 이 답을 교회의 탁월한 선생인 칼뱅Jean Calvin, 1509~1564은 『기독교 강요』를 시작하며 다음과 같이 제시합니다.

> 우리가 지니고 있는 지혜, 즉 참되고 건전한 지혜는 거의 모두가
> 두 부분으로 되어 있으니, 곧 하나님을 아는 지식과 우리 자신을
> 아는 지식이 그것이다. 그러나 이 두 지식은 갖가지 끈으로 서로
> 연결되어 있어서, 그 중 어느 것이 먼저 오며, 또 어느 것이 그
> 뒤에 결과로 따라오는 것인지를 분간하기가 쉽지 않다.『기독교 강
> 요』1.1.1.

즉, 인간이 누구인지를 발견하기 위해서는 '인간에게서'가 아니라 '하나님을 아는 지식'으로부터 도움을 받아야만 한다는 것입니다. 이런 칼뱅의 생각이 독창적인 것은 아닙니다. 히포의 아우구스티누스 Augustine of Hippo, 354~430는 칼뱅보다 대략 1100년 전에 자신의 신학을 집약하며 더 근원적인 고백을 하나님께 드립니다.

…… 하나님께서 우리를 하나님을 향하여 살도록 창조하셨기에 (창1:26) 우리 마음이 하나님 안에서 안식할 때까지 안정되지 않습니다.『고백록』 1.1.

인간, 실존적으로 아우구스티누스라는 한 개인은 하나님께로 돌아와 그분 안에서 안식을 찾지 않는 한 안절부절못하며 안개 속에서 흐느적거리며 여기저기를 배회할 뿐입니다.『삼위일체론』 8.3. 이렇듯 히포의 주교와 그의 후배인 칼뱅은 미몽에서 깨어난 인간이 하나님 없이 자존하려 하거나 자신을 위해 하나님을 이용하며 소비하려 할 때, 인간과 개인의 참된 진정성은 결코 실현될 수 없음을 분명히 경고합니다.

훌륭한 선배들의 혜안에서 우리는 하나님의 말씀의 '명석하고 판명한' clear and distinct 진리를 발견합니다. 곧, 창세기 1장 26절이 가르치는 바로써, 인간은 하나님의 모상 imago Dei으로 창조되었다는 것입니다. '모상'은 모상이기에 원형에 기생할 때 아름답습니다. 모상이 원형 없이 스스로를 뽐내면 뽐낼수록 추하게 됩니다. 모상의 영광은 원형이요, 모상의 안식은 원형 안에 있습니다. 하나님의 모상인 인간은 원형이신 하나님께 기생합니다. 하나님 없이 홀로 서서 자신을 드러내는 인간은 선과 아름다움을 잃게 됩니다.

그러므로 인간을, 한 개인으로서의 인간을 참되게 중시한다면, 하나님을 중시합시다. 개혁주의 생활원리인 '하나님 중심'은 인간을 참되게 중시해야 하는 오늘을 위한 복음입니다!

묵상과 나눔을 위한 물음

1. 우리 주변에서 발견되는 세속화와 탈세속화는 무엇입니까?

2. 세속화를 지나온 탈세속화는 '진정성의 문화'이며, '표현적 개인주의'를 표방한다는 찰스 테일러의 분석은 어떤 의미입니까?

3. 저자는 "'하나님은 필요 없다.'라고 하는 시절을 지나 하나님을 '이용'하고 '소비'하는 시대로 접어들게 된 것입니다."라고 설명합니다. 이 말이 나에게 어떤 의미로 다가옵니까?

4. 본문에 인용된 칼뱅과 아우구스티누스의 글은 하나님과 인간의 관계를 각각 어떻게 설명합니까?

5. 어떻게 '하나님 중심'이 참된 '인간 중심'이 될 수 있습니까?

"

개혁주의 생활원리인 '하나님 중심'은

인간을 참되게 중시해야 하는

오늘을 위한 복음입니다!

"

하나님 중심,
"선으로 악을 이기라"

"악에게 지지 말고 선으로 악을 이기라"롬12:21

악에게 지지 않고 선으로 악을 이기는 것,
우리의 마음과 영혼이 온전히 '오직 하나님'으로
가득 차 있을 때에만 가능합니다.

2021년 새해 벽두부터 사람들의 공분을 일으킨 사건이 모 방송사의 탐사 취재 프로그램에 의해 보도되었습니다. 소위 '정인이 사건'입니다. 생후 8개월의 나이로 입양되었던 한 여자 아이가 8개월 남짓 더 살다가 세상을 떠난 사건에 대한민국은 분노로 들끓었고, 청와대의 인터넷 국민청원게시판도 뜨거웠습니다. 지난 1월 13일에 열린 첫 재판에서 양모에게 살인 혐의가 주위적 공소사실로 제기되었습니다.

관련하여 기독교계에 충격을 준 것은 양부모가 기독교인이라는 것입니다. 재판에서 시시비비가 가려져야 하지만, 도덕적으로 용납할 수 없는 사건이 기독교인들에 의해 자행된 것은 매우 안타깝습니다. 왜냐하면 하나님께서 이들에게 분명히 알리신 그분의 뜻, 곧 "악에게 지지 말고 선으로 악을 이기라"롬12:21라는 말씀이 이들에게 무색했기 때문입니다.

"악은 도대체 무엇인가?" 이 질문에 "그러한 악이 어디에서 왔는가 unde malum?"라는 또 다른 질문이 결합되면, 명징한 답을 얻는 것은 아마도 삼위일체 하나님을 직접 뵐 때에야 가능할 것입니다. 그럼에도 하늘로 가는 도상에 있는 우리가 기독교의 교의적인 틀 안에서, 죄로 오염된 지성의 추론을 통해 그나마 설득력 있어 보이는 답을 찾는다면, 히포의 주교였던 아우구스티누스Augustine of Hippo, 354~430가 제공한 대답일 것입니다.

악이 무엇이며, 그것이 어디에서 유래하는지를 평생 고민하였던 아우구스티누스는 답을 얻기 위해 적어도 9년 동안 마니교에 빠지기도

했습니다. 그러나 마니교로부터 기독교 신앙을 대변할 수 있는 답을 찾지 못한 그는, 신플라톤주의를 접하면서 기독교 교의의 틀 안에서 이 질문에 답할 수 있는 접근방식을 습득했습니다. 그것은 '악'은 그 자체로 존재하는 것이 아니라 '선의 결핍'*priu[v]atio boni*이라는 것입니다. 그는 마니교에 심취해 있었던 때를 상기하면서 다음과 같이 고백합니다.

> 악이란 선의 결핍으로서 그 자체는 존재하지 않는 것이라는 것을 아직 모르고 있었습니다.『고백록』3.12.

또한 이렇게 고백합니다.

> 내[아우구스티누스]가 확실히 알게 된 것은 당신이[하나님이] 모든 것을 좋게 지으셨다는 것과 당신이 창조하시지 않은 실체는 하나도 없다는 것입니다.『고백록』7.18.

그리고 그는 악의 본질에 대해 이렇게 고백합니다.

> 내가 지금까지 그 근원을 찾아왔던 악은 사실 실체가 아닙니다. 만일 악이 실체라면 그것은 좋은 것이기 때문입니다.『고백록』7.18.

'악'은 그 자체로는 비非실체입니다. 하나님께서는 '선'이시며, 창세기 1장에서 재차 강조하듯이 하나님께서 창조하신 만물은 그분 앞에서 보시기에 '좋습니다.' 그러나 '선'이 약해지는 그만큼 '악'이 기생합니다. '최고선'*summum bonum*이신 하나님의 빛이 약한 그만큼 '악'의 어둠이 기생합니다.

이 같은 이해로부터 '악'을 해결할 수 있는 유일한 해결책이 제시됩니다. 즉, '악'이 그 자체로 존재하지 않고 '선'이 자신의 자리를 양보할 때에야 득세한다면, '선'을 강화하여 '선'을 확장시킴으로써 '악'이 기생할 공간을 만들지 않는 것입니다. 이것이 아우구스티누스의 눈으로 읽는 사도 바울의 가르침에 대한 해석입니다. '악에게 지지 말고 선으로 악을 이기는 것'롬12:21은 선의 충만으로 실체인 척하는 악이 비실체의 자리로 되돌아가게 하는 것입니다.

그리스도인으로서 그들의 마음이 '최고선'이신 하나님으로 충만해야 했던 정인이의 양부모는 그렇게 하지 못했고, 그로 말미암아 그들은 자신의 삶의 구체적인 현장에서 '악'에게 자리를 양보할 수밖에 없는 무신론자가 되었습니다. 그들은 사도 바울이 경계한 본받지 말아야 할 '이 세대'롬12:2에 속했습니다.

그렇다고 해서 이 모든 것이 그 양부모에게만 국한된 것은 결코 아닙니다. 만약 우리도 늘 우리의 마음을 하나님으로 가득 채우지 않는다면, 우리 또한 그만큼 '선'으로 '악'을 이기지 못하고, 슬그머니 마땅하지 않은 자리를 '악'에게 내어주게 됩니다. 우리의 마음과 영혼은 물체가 아니어서 부분으로 나누어질 수 없음에도 불구하고 온전하게 최고선이신 하나님을 향하지 않는 그만큼 악은 우리의 마음과 영혼에서

움트게 됩니다.

이 사실을 누구보다 깊이 고민했던 아우구스티누스는 로마서 7장의 고민을 실존적으로 다음과 같이 반복합니다.

내 몸은 마음이 원하는 대로 그의 손발을 움직여 쉽게 따랐지만, 내 마음은 마음이 하라는 바를 수행해 나가는 데서 그것을 따라 주지 않았습니다. …… 이런 이상한 현상이 어디서 오는 것입니까? …… 마음의 의지는 하라고 명합니다. 그러나 그 명령은 다름 아닌 마음 자신에게 하는 것입니다. 그 자신이 그 명령을 이행하지 않는 이유는 마음의 원하는 바가 완전하지 못하기 때문입니다. 만일 그 마음의 원하는 것이 완전하고 온전한 것이었다면 자신에게 그렇게 하라고 명령을 할 필요조차 없습니다. 왜냐하면 그것은 이미 그렇게 되어 버린 것이기 때문입니다.『고백록』8.20~21.

우리의 마음과 영혼이 온전히 '오직 하나님'으로 가득 차 있을 때에만, 그리스도인은 '선'이신 하나님으로 '악'을 이길 수 있습니다!

그러므로 개혁교회가 지향하는 '하나님 중심'은 최고의 윤리강령입니다. 오직 '하나님을 중심'으로 '온' 마음이 통일되어 있을 때, 인간은 자신의 손과 발로 악의 자리를 만들지 않게 됩니다.

묵상과 나눔을 위한 물음

1. 2021년의 소위 '정인이 사건'에 대한 소식을 들었을 때, 그리스도인으로서 자신의 마음은 어떠했고, 또 주변 사람들의 반응은 어떠했습니까?

2. "악은 사실 실체가 아닙니다."라는 '악의 본질'에 대한 아우구스티누스의 고백이 뜻하는 바는 무엇입니까?

3. '하나님 중심으로' 살아간다는 것이 나에게 무엇을 의미합니까?

4. "악에게 지지 말고 선으로 악을 이기라"는 로마서 12장 21절 말씀을 어떻게 구체적으로 적용할 수 있겠습니까?

"
개혁교회가 지향하는 '하나님 중심'은
최고의 윤리강령입니다.
"

세 번째 이야기

말씀 중심, "*Deus dixit!*"

하나님께서 '먼저' 말씀하셨으니, 이제 우리는 듣습니다!
하나님의 숨이 깃든 성경을 읽을 때 친밀한 대화가 시작됩니다.

*Deus dixit*데우스 딕시트! 하나님께서 말씀하셨다!

천지는 창조 때부터 '말씀'이 없었던 적이 없습니다. 왜냐하면 '시작'을 시작하신 하나님께서 침묵하지 않으셨기 때문입니다. 즉 창조는 '말씀'과 함께 시작되었습니다. Deus dixit, 하나님께서 말씀하셨습니다! 하지만 이 '말씀'은 소리가 아니었습니다. 왜냐하면 '소리'는 공기의 파장인데, '시작'에서는 공기도 아직 '시작'을 받지 않았기 때문입니다.

뿐만 아니라, 하나님께서는 파장을 만들 육체를 가지고 계신 분도 아니십니다. 하나님께서는 영이십니다요4:24. 영이신 하나님께 파장을 만들 조음기관調音器官이 있을 리 없습니다. 그러므로 하나님께서는 파장이 필요하지 않는 '말씀', 아니 오히려 파장을 창조하는 '말씀'을 발하셨습니다. 이렇듯 창조는 하나님의 '말씀'으로 가득 찼습니다!

인간인 우리도 말을 합니다. 그런데 우리가 내뱉는 '말'은 파장을 만들어 '소리'로 운반됩니다. 이때, 소리가 말을 운반하지만, 그렇다고 소리가 말 자체는 아닙니다. 왜냐하면 인간이 소리로 자신의 말을 운반하기 전에 이미 말이 인간의 지성 안에 머물러 있기 때문입니다.

예를 들어 봅시다. 우리가 머리에 '책'이라는 말을 떠올렸다고 합시다. 이때 책이라는 말은 아직 조음기관을 거치지 않았기에 소리에 얹히지 않았습니다. 하지만 그럼에도 그것은 당연히 말입니다. 소리는 말을 운반하는 수단이지, 말 자체는 아닙니다. 따라서 우리는 소리를 들어야 하지만, 소리 자체에 집중하는 것이 아니라 그 소리에 운반되어 오는 말을 들어야만 합니다.

그런데 종종 소리가 장애물이 될 때도 있습니다. '외국어'를 구사할 때가 그런 경우입니다. 비록 어떤 영국인이 머릿속에 떠올리는 말이 '책'이더라도, 그가 만들어내는 소리는 'book'이 될 것이기 때문에, 우리가 만들어 내는 소리인 '책'과 다르게 됩니다. 그럴 경우 우리는 '책'이라는 말을 듣는 데 어려움을 겪게 됩니다.

하지만, 그럼에도 우리는 다양한 방식으로 '소리'의 방해를 극복하면서 '말'을 주고받으려 합니다. 그리고 그리할 때, '대화'가 이루어집니다. 말에는 그 말을 소리로 전달하는 발화자의 인격이 담기기 마련입니다. 그래야 비로소 인격과 인격이 만나는 '대화'가 가능해집니다. 소리가 인격을 전달하는 것이 아니라 말이 전달하기 때문에, 비록 대화의 매개체가 소리라 하더라도 그 소리에 실려 오는 말을 교환할 때에야 비로소 대화가 실현되는 것입니다.

대화하는 인간의 말에도 인격이 담겨지는데, 하나님께서 그분의 말씀에 인격을 담지 않으시겠습니까? 또한 대화하는 인간이 소리가 없어도 말을 통해 그의 인격을 실어 보내는데, 하나님께서 소리 없이 말씀을 통해 그분의 인격을 드러내 보이지 않으시겠습니까? 그러므로 하나님의 말씀은 하나님의 자기 계시, 곧 그분의 인격을 열어 보이시는 방편이 됩니다. 다시 말해, 하나님께서는 말씀을 통해 자기 자신이 누구인지를 보여주시고, 자기 자신을 나누어 주십니다. 그러므로 하나님의 말씀은 곧 '계시'revelation, 啓示입니다.

하나님의 말씀, 곧 계시는 대화를 창설합니다. 20세기 초 걸출한 신 칼뱅주의 신학자였던 헤르만 바빙크Herman Bavinck, 1854~1921는 다음과 같이 말했습니다.

> …… 성경이 계시에 대해 가르치는 바를 간략하게 요약하고자 할 때, 우리는 무엇보다 먼저 계시라는 것은 하나님께서 자기 자신을 인간에게 알리심으로써 인간이 하나님과 올바른 관계를 가질 수 있도록 하는 하나님의 행위이며, 계시는 하나님께서 뜻하신 바이며 하나님의 자유로운 행위임을 이해해야 한다. 하나님의 계시에 대한 응답으로 인간에게는 종교, 다시 말해 하나님을 앎과 그분을 섬김이 일어난다. 이 두 가지(계시와 종교)는 성경 안에서 상호 긴밀하게 연결되어 있다. 곧 하나님께서 자기 자신을 계시해 주시기 때문에만, 하나님을 아는 것과 하나님을 섬기는 것이 가능하다.*Gereformeerde Dogmatiek*(개혁교의학), 7th ed. (1998), 1:321~22.

다시 말해, 하나님의 계시가 하나님과의 대화를 창설한다는 것입니다!

다시 '시작'의 때로 돌아가 봅시다. 하나님께서 말씀하셨습니다. 그것도 '시작'을 말씀하셨기 때문에 하나님께서 시작 전에 '먼저' 말씀하셨습니다. 이로써 하나님께서는 먼저 자기 자신을 창조 세계에 주셨습니다. 그리고 이로써 하나님과의 위대한 대화가 시작되었습니다. 이 대화는 모든 피조물을 향해 있습니다. 창세로부터 그분의 보이지 아니하는 것들, 곧 그분의 영원하신 능력과 신성이 그분께서 만드신 만물에 분명히 보여 알려졌습니다롬1:20. 하늘도 하나님의 영광을 선포하고, 궁창도 하나님께서 하신 일을 나타내며, 낮과 밤도 하나님을 전파합니다시19:1~3.

뿐만 아니라 하나님께서는 "자신의 거룩하고 신적인 말씀을 통해 우리에게 자기 자신을 주시어, 현세 동안 그분의 영광과 그분의 백성들의 구원을 위해 필요한 만큼 더욱 분명하고 완전하게 자기 자신을 우리가 알도록" 하셨습니다"네덜란드신앙고백", 1561. 곧 계시인 성경을 주신 것입니다. 하나님께서는 선지자들을 통하여 여러 부분과 여러 모양으로 말씀하셨습니다히1:1. 이때의 말씀은 구약성경을 의미합니다딤후3:14~15; 벧후3:16. 당연히 신약성경도 하나님의 말씀입니다요20:31; 벧후3:15~16. 하나님께서 자기 자신을 주시는 계시로서 이 모든 성경은 하나님의 감동, 즉 하나님의 숨으로부터 나왔습니다딤후3:16. 하나님의 숨이 깃든 성경은 하나님 아버지와 그분의 아들 예수 그리스도를 전달하여 믿게 합니다요20:31; 17:3.

이같이 하나님께서 '먼저' 말씀하셨습니다! 그렇다면 우리에게 요청되는 것은 무엇입니까? 당연히 '들음'입니다. 하나님께서 '먼저' 말씀하셨으니, 이제 우리는 듣습니다! '먼저 말씀하심'과 '들음'이라는 짝을 통해 하나님 중심의 위대한 대화가 시작된 것입니다. 하나님께서 먼저 말씀하시니, 이제 우리 모두 귀를 열고 들읍시다!

묵상과 나눔을 위한 물음

1. 저자는 "창조는 '말씀'과 함께 시작되었습니다.", 그리고 "이렇듯 창조는 하나님의 '말씀'으로 가득 찼습니다!"라고 표현했습니다. 이 말들이 갖는 의미는 무엇입니까?

2. 하나님께서 말씀에 인격을 담고, 말씀을 통해 인격을 드러내 보이신다는 저자의 설명이 뜻하는 바는 무엇입니까?

3. 성경이 하나님의 말씀이며 계시라는 것을 나는 믿고 있습니까?

4. 어떻게 나는 성경을 통해 하나님의 말씀을 들을 수 있습니까?

"

'먼저 말씀하심'과 '들음'이라는 짝을 통해

하나님 중심의 위대한 대화가

시작된 것입니다.

"

네 번째 이야기

부지런한 목자의
또렷한 음성

부지런한 목자이신 그리스도께서 우렁찬 목소리로
그분의 양떼를 줄곧 부르십니다.
그 음성을 듣고 그 뒤를 따를 때 눈을 뜨게 됩니다.

사도 요한은 요한복음 9장에서 우리 주 예수 그리스도께서 나면서부터 맹인인 자를 고쳐 주신 표적을 기록합니다. 이 기록은 예수 그리스도께서 바리새인들에게 행하신 강도 높은 비판으로 마무리합니다. 맹인은 비록 보지 못하는 자였으나, 참으로 보는 자가 되었습니다. 왜냐하면 그는 예수님께서 하나님의 아들이시며, 하나님과 동일한 이름을 사용하시는 분임을 믿었기 때문입니다. 반면, 이것을 믿지 않은 바리새인들은 육신으로는 볼 수 있는 자들이었으나 영적으로 맹인이었습니다.

"예수께서 이르시되 내가 심판하러 이 세상에 왔으니 보지 못하는 자들은 보게 하고 보는 자들은 맹인이 되게 하려 함이라 하시니"요9:39

더욱이 그들은 스스로 하나님을 아버지라 부르고, 스스로 영적인 시력이 좋다며 우쭐거리면서도 정작 예수 그리스도를 해코지하려고 했으니, 이런 점에서 그들은 하나님을 대항하는 명백한 죄인이기도 했습니다.

"예수께서 이르시되 너희가 맹인이 되었더라면 죄가 없으려니와 본다고 하니 너희 죄가 그대로 있느니라"요9:41

영적인 맹인이면서 죄인이었던 이 바리새인들을 앞에 두고 예수님께서는 이어서 양과 목자의 비유를 말하셨습니다요10:1~6. 비유 속에 등장하는 절도와 강도는 바리새인들입니다요10:1. 따라서 바리새인들은 목자가 아니라 타인ἀλλότριος, 곧 잡인雜人입니다요10:5. 그에 반해, 예수님께서는 참 목자이십니다요10:2, 11. 그분께서는 "양을 위하여 목숨을 버리"십니다요10:11, 15. 여기에서 절도이며 강도이고 타인으로 등장하는 바리새인과 목자로 등장하는 예수님 사이에 극명하게 대조되는 대목이 있습니다. 그것은 양이 목자의 음성을 알아챈다는 점입니다.

> "4자기 양을 다 내놓은 후에 앞서 가면 양들이 그의 음성을 아는 고로 따라오되 5타인의 음성은 알지 못하는 고로 타인을 따르지 아니하고 도리어 도망하느니라"요10:4~5

양이 알아채지 못하는 음성은 목자의 음성이 아니라, 잡인의 것입니다!

양이 목자의 음성을 단번에 알아채는 것은 양이 영특해서가 아닙니다. 오히려 목자가 부지런하기 때문입니다. 부지런한 목자는 노심초사 양을 돌보며, 그 이름을 우렁차고 또렷하게 부릅니다. 양의 이름은 저마다의 특징입니다. 목자가 어찌나 성실한지, 그 많은 양의 특징을 파악하고, 기억하며, 이름을 지어 큰 목소리로 부지런히 부르기 때문에 양이 그 목자의 목소리를 알고 있습니다.

> "3문지기는 그를[목자를] 위하여 문을 열고 양은 그의[목자의] 음

성을 듣나니 그가 자기 양의 이름을 각각 불러 인도하여 내느니라 4자기 양을 다 내놓은 후에 앞서 가면 양들이 그의 음성을 아는 고로 따라오되"요10:3~4

그러기에 양은 타인의 음성을 들을 때에 곧장 목자의 음성이 아님을 알아챕니다. 훔치러 몰래 들어온 잡인의 음성을 양이 여태껏 들어본 적이 없기 때문입니다.

"타인의 음성은 알지 못하는 고로 타인을 따르지 아니하고 도리어 도망하느니라"요10:5

양이 재주가 있어 목자의 음성과 타인의 그것을 식별하는 것이 아닙니다. 다만 부지런한 목자의 우렁찬 목소리는 양의 귀에 익숙하고 마음에 깊이 새겨져 있지만, 잡인의 음성은 그렇지 않기 때문입니다.

목자의 음성의 힘이 어찌나 강한지, 그는 죽음까지 무찌릅니다. "나사로야 나오라"라는 그리스도의 "큰 소리"는 나사로를 붙잡고 있던 죽음을 제압하셨습니다요11:43. 그뿐 아니라, 목자의 음성은 참되고 새로운 '생명'을 줍니다. "나를 따라오라"마4:19라는 목자의 목소리가 열두 사도들을 단번에 압도하여 그들을 '새 생명'에 편입시켰습니다. "허물과 죄로 죽었던"엡2:1 자들을 참으로 살리시는 것은 목자의 음성입니다롬1:16~17. 목자이신 그분께서 온 천하에 '생명'을 주신 분이기에요1:3~4 그분의 목소리는 '영생'을 창조합니다.

오늘도 목자이신 주 예수 그리스도께서는 그분의 양떼에게 우렁찬 목소리를 들려주십니다. 그분의 양떼인 교회가 그분의 목소리를 자연스레 기억하도록 예수님께서는 지금도 그분의 양떼에게 그분의 목소리를 쉼 없이 들려주십니다. 하나님의 말씀과 복음의 강설이 목자이신 그리스도께서 양떼인 교회에 줄곧 소리치시어 그분의 목소리를 새겨 주시는 방편은혜의 방편입니다.

그뿐만 아니라, 목자의 음성은 온 천지를 통하여 크게 울립니다. 하늘과 궁창, 날과 밤, 해와 달시19:1~6; 롬1:20이 그 음성을 발하는 조음기관으로 봉사합니다. 왜냐하면 목자의 음성은 천지와 그 안에 있는 모든 피조물을 창조하신 그 말씀이기 때문입니다요1:3.

부지런한 목자이신 그리스도께서 우렁찬 목소리로 줄곧 부르시기에 그분의 양떼는 그 음성을 듣고 그 뒤를 따릅니다. 이들은 '한' 목자의 '한' 음성에 익숙한 무리이기에 '하나'입니다. 그리스도께서 또렷한 음성을 양떼인 교회에 들려주시니, 목자의 한 무리가 흩어지도록 꾀는 절도와 강도와 타인의 목소리는 이목을 끌 수 없습니다.

목자의 목소리를 듣고 있을 때, 양떼는 더 이상 맹인이 아닙니다. 그리스도께서 음성으로 눈을 뜨게 한 요한복음 9장의 맹인처럼, 그리고 스스로 눈이 어두웠으나 자기를 기만하였던 바리새인들과 달리, 성경과 그 복음의 강설, 그리고 온 천하를 통하여 우렁차게 말씀하시는 목자가 누구신지를 그분의 양떼는 제대로 알아보게 됩니다.

부지런한 목자의 또렷한 목소리가 한 무리의 양떼의 눈을 밝혀 주시니, 양떼는 목자의 성실하심을 그저 기뻐합니다!

묵상과 나눔을 위한 물음

1. 요한복음 9장에 나오는 나면서부터 맹인인 자와 바리새인 사이의 결정적인 차이는 무엇입니까?

2. 양이 목자의 음성을 단번에 알아챌 수 있는 이유는 무엇입니까?

3. 나는 목자이신 그리스도께서 부지런히 말씀하시는 시간과 장소를 사모합니까?

4. 목자이신 그리스도의 음성 외에 나의 영적인 귀를 방해하는 소리는 무엇입니까?

> 부지런한 목자의 또렷한 목소리가
> 한 무리의 양떼의 눈을 밝혀 주시니,
> 양떼는 목자의 성실하심을 그저 기뻐합니다!

다섯 번째 이야기

교회, 삼위일체 하나님께서 불러 모으신 무리

교회, 삼위일체 하나님을 더욱 닮아가는 유일한 장소입니다.
'교회 중심'만이 '하나님 중심'과 '말씀 중심'을 구현합니다.

하나님께서 인간을 하나님의 형상으로 만드셨기에, 인간은 하나님의 모상*imago Dei*, 창1:26입니다. 모상인 인간이 원형이신 하나님을 닮아가도록 창조되었음을 의미합니다. 하나님을 닮아가는 것은 '말씀'하시는 하나님을 인간이 '들음'으로 실현됩니다. '들음'을 통해 '말씀'하시는 하나님으로 가득 차는 그 만큼, 죄인인 우리는 '선'이신 하나님으로 충만하게 되어 하나님을 닮고 '악'인 죄를 밀어내게 됩니다.

그렇기 때문에 하나님께서는 우리가 하나님의 말씀을 듣고 하나님으로 가득 찰 수 있도록 우리를 불러 모아 주십니다. 그리고 이렇게 하나님께서 불러 모으신 무리가 곧 '교회'입니다.

스데반은 출애굽 한 이스라엘 백성을 '광야 교회'라 칭하였습니다행 7:37~38. 그런데 정작 출애굽 사건을 전하는 구약성경의 한글 번역에는 교회라는 단어가 등장하지 않습니다. 그럼에도 불구하고 스데반이 광야에 있던 이스라엘 백성을 '광야 교회'라 칭하며 설교할 수 있었던 것은, 이들이 '카할קָהָל', 곧 하나님께서 '불러내어 한 장소에 모인 무리'였기 때문입니다. 여기서 '카할'의 헬라어 번역이 '에클레시아ἐκκλησία', 곧 교회입니다. 그러므로 광야에 있던 이스라엘 백성들은 하나님께서 애굽에서부터 '불러내어 한 장소에 회집시키신 무리'로서 '광야 교회'가 맞습니다.

교회를 회집시키기 위해 하나님께서는 출애굽기 3장에서 모세를 보내십니다.

"이제 내가 너를 바로에게 보내어 너에게 내 백성 이스라엘 자손
을 애굽에서 인도하여 내게 하리라"출3:10

여기에서 "보내어"שָׁלַח(히. 살라크)라는 히브리어 동사를 헬라어로 번역
하면, "파송하다ἀποστέλλω"(헬. 아포스텔로)라는 동사가 됩니다. 그리고 이
동사에서 '사도ἀπόστολος'(헬. 아포스톨로스)라는 명사가 파생됩니다. 따라서
모세는 하나님께로부터 파송 받은 '사도'로 임명됩니다. 그리고 하나
님께서는 모세를 사도로 파송하시어 이스라엘 백성을 애굽으로부터
불러서 한곳에 모이도록 하심으로써 교회광야 교회를 만드십니다.

　이 광야 교회, 즉 불러내어 회집된 무리가 구체적으로 드러난 사건
은 시내산 사건입니다. 출애굽기 19장에서 이스라엘 백성들이 시내산
앞으로 불려 나옴으로써 출애굽의 일차적인 목표가 성취되었습니다.
그리하여 이 사건을 신명기는 18장 16절에서 "총회의 날"이라고 말합
니다.

"이것이 곧 네가 총회의 날에 호렙 산에서 네 하나님 여호와께 구
한 것이라"신18:16a

여기에서 "총회"קָהָל(히. 카할)는 '광야 교회'라고 말할 때 그 '교회'와
같은 단어입니다. 따라서 애굽에서부터 불러내어 한곳, 곧 시내산에
모인 무리로서 이스라엘 백성은 광야 교회였음을 다시 한 번 확인할
수 있습니다.

그런데, 이러한 교회로서 이스라엘 백성이 그들을 불러내신 분, 곧 여호와 하나님을 떠났습니다. 그러자 하나님께서는 새로운 총회, 새로운 교회, 즉 불러내어 한곳에 회집하는 새로운 무리를 만드셨습니다. 그것이 곧 '에클레시아'로서 신약성경과 오늘날의 '교회'입니다.

하나님께서는 과거 옛 회중을 위해 모세를 사도로 파송하셨듯이, 이제 새 회중을 위해 새 사도를 파송하셨습니다. 이는 모세가 예표한 참된 일꾼이신 하나님의 아들 예수 그리스도이십니다. 모세가 '사도'로 '파송'을 받았듯이 그리스도께서도 '파송'을 받은 '사도'이시기에, 히브리서 기자는 다음과 같이 권면합니다.

> "그러므로 함께 하늘의 부르심을 받은 거룩한 형제들아 우리가 믿는 도리의 사도이시며 대제사장이신 예수를 깊이 생각하라"히3:1

히브리서의 이 구절은 요한복음 20장 21절을 가리킵니다. 곧 "예수께서 이르시되 …… 아버지께서 나를 보내신 것 같이……"입니다. 여기에서 '보내다'라는 동사는 모세를 보내셨다고 할 때와 동일한 단어파송하다(ἀποστέλλω)이며, 앞에서 말했듯이 이 동사의 명사형이 '사도'입니다.

예수님께서는 사도로 보내심을 받으셨기에 그분을 파송하신 성부 하나님께 봉사해야만 하셨습니다. 이 봉사는 하나님께서 불러서 한곳에 회집시키고자 하시는 새 무리, 곧 새로운 교회를 만드는 것입니다. 이를 위해 예수님께서 행하신 '섬김', 곧 그리스도의 '봉사'디아코니아(διακονία)가 십자가에서 죽고 부활하시는 것입니다.

"인자가 온 것은 섬김을 받으려 함이 아니라 도리어 섬기려 하고
자기 목숨을 많은 사람의 대속물로 주려 함이니라"막10:45

　이 봉사로 하나님께서는 하나님의 새로운 총회, 곧 하나님의 새로
운 교회를 불러 모으십니다. 하나님께서는 죄인들을 그리스도와 함께
십자가에서 죄에 대하여 죽게 하시고, 그리스도와 함께 다시 살리심
부활으로써 사망으로부터 해방해 불러내시어 하나님의 새로운 교회가
되게 하십니다.
　이렇게 새로운 교회의 기초를 다지신 '사도'이신 예수 그리스도께
서 승천하셨습니다. 따라서 그분께서는 그분의 몸인성으로는 더 이상
이 땅에 계시지 않습니다. 그렇다고 무책임하게 승천하신 것은 결코
아닙니다. 그분께서 새 회중을 불러 모으는 직무를 위해 사도들을 임
명하셨기 때문입니다.

"예수께서 또 이르시되 …… 아버지께서 나를 보내신 것 같이 나
도 너희를 보내노라"요20:21

　파송을 받은 사도이신 예수님께서 승천하시면서 제자들을 파송하심
으로써 이제 제자들이 파송 받은 사도가 되었습니다. 그들은 교회를 세
우기 위한 봉사를 그리스도께로부터 위임받아 천국의 열쇠를 줍니다.

"너희가 누구의 죄든지 사하면 사하여 질 것이요 누구의 죄든지

그대로 두면 그대로 있으리라 하시니라"요20:23; 참고. 마16:19

이것뿐만 아니라, 제자들에게 사도의 직무를 위임하신 그리스도께
서는 그 직무를 수행할 능력까지 그들에게 선물로 주셨습니다. 곧 그
리스도의 영이신 성령님께서 사도들에게 임하게 하신 것입니다.

"그러나 내가 너희에게 실상을 말하노니 내가 떠나가는 것이 너
희에게 유익이라 내가 떠나가지 아니하면 보혜사가 너희에게로
오시지 아니할 것이요 가면 내가 그를 너희에게 보내리니"요16:7

"보혜사 곧 아버지께서 내 이름으로 보내실 성령 그가 너희에게
모든 것을 가르치고 내가 너희에게 말한 모든 것을 생각나게 하
리라"요14:26

예수님께서는 제자들을 파송하시며 "그들을 향하사 숨을 내쉬며
이르시되 성령을 받으라"요20:23라고 말씀하셨습니다. 그러므로 사도
들의 직무 수행은 성령 하나님의 봉사입니다.

바로 이 교회, 곧 성자 예수 그리스도의 봉사에 기초하고 성령 하
나님의 봉사를 통해 성부 하나님께서 불러 한곳에 모으시는 교회에서
하나님께서는 지금도 말씀하십니다. 이로써 회중의 마음을 선 자체이
신 하나님으로 가득 채워 악을 밀어내게 하십니다. 그러므로 하나님

의 모상이 원형이신 하나님을 더욱 닮아가는 유일한 장소는 삼위일체 하나님께서 회집시키시는 교회입니다. '교회 중심'만이 '하나님 중심'과 '말씀 중심'을 구현하고, 인간을 하나님의 모상으로 빚어냅니다.

묵상과 나눔을 위한 물음

1. 하나님께서 그분의 형상으로 만드신 인간이 하나님을 닮아가는 것은 어떻게 실현됩니까?

2. 교회란 무엇입니까?

3. 스데반이 출애굽 한 이스라엘 백성을 '광야 교회'라고 칭했는데, 이 말이 어떻게 해서 맞습니까?

4. '교회 중심'이 '하나님 중심'과 '말씀 중심'을 어떻게 실현합니까?

5. 어떻게 '교회 중심'을 통해 나 자신이 하나님의 모상으로 빚어집니까?

"

하나님의 모상이 원형이신 하나님을

더욱 닮아가는 유일한 장소는

삼위일체 하나님께서 회집시키시는 교회입니다.

"

교회의 벽이
기독교인을 만드는가?

Ergo parietes faciunt christianos?

'교회의 벽'이 기독교인을 만들고,
교회 밖에는 구원이 없습니다.

Ergo parietes faciunt christianos,
extra ecclesiam nulla salus

기독교 사상사에서 큰 족적을 남긴 인물 중 한 명만을 꼽으라면, 아우구스티누스Aurelius Augustinus, AD 354~430의 이름이 가장 자주 거론될 것입니다. 그리고 그의 이런 유명세는 아마도 『고백록』 때문일 것입니다. 그가 히포Hippo의 주교가 된 이후, 그때까지의 자신의 신앙 여정을 자서전적으로 기술한 『고백록』은 개인적인 신앙고백이지만, 그 내용의 보편성 때문에 공적인 작품이기도 합니다.

이 작품의 흥미로운 내용 중에서도 가장 인기 있는 것은 『고백록』 8권에 묘사된 아우구스티누스의 극적인 회심 장면입니다. 자신이 머무는 집의 뜰을 거닐 때, 그는 어린아이들이 "Tolle lege, tolle lege!톨레 레게, 톨레 레게!(집어 들어 읽으라!)"라고 외치는 소리를 들었습니다. 이에 성경을 집어 들어 로마서 13장 13~14절을 읽은 후 회심하게 되는 장면입니다『고백록』 8.28~29.

하지만 아우구스티누스의 회심은 이 장면에서 완결되지 않습니다. 그는 주후 387년의 부활축일에 암브로시우스에게 세례를 받아야 했습니다. 세례를 받을 때, 아우구스티누스는 '믿음의 규범'regula fidei(레귤라 피데이) 위에 굳게 서 있음을 공적으로 고백함으로써『고백록』 8.5 철저하게 회심하였습니다『고백록』 8.30; 9.14. 이것은 그의 어머니 모니카의 오랜 꿈이기도 했습니다. 모니카는 아우구스티누스가 회심하기 전, 그가 끝내 올바른 잣대, 곧 '믿음의 규범'이라는 잣대라틴어 'regula'는 '규범'이라고 번역될 수도 있지만 '잣대'라는 의미도 있다 위에 서게 되는 꿈을 꾸었습니다『고백록』 3.19. 그러기에 뜰에서 시작된 아우구스티누스의 회심은 결국 '교회의 벽' 안에서 이루어진 것이라고 말할 수 있습니다.

히포의 주교의 회심에 대한 이 같은 이해는 또 한 명의 위대한 기독교 사상가인 마리우스 빅토리누스Marius Victorinus의 회심에도 해당됩니다. 빅토리누스가 "교회의 벽[만]이 기독교인들을 만드는가?"*Ergo parietes faciunt christianos?*라고 질문했을 때, 암브로시우스의 신앙의 아버지인 심플리키아누스는 "그렇다!"라고 대답했습니다『고백록』8.4. 이 단오한 대답은 '믿음의 규범'을 가르치고 전수하며 공적으로 고백하는 '교회의 벽' 안에 회심과 구원이 있음을 가르쳐 줍니다.

그러면 왜 '교회의 벽'만이 기독교인을 만들까요? 그것은 교회의 벽 안에서만 교회의 머리이신 주 예수 그리스도께서 허락하신 '은혜의 방편'이 시행되기 때문입니다. 여기서 '은혜의 방편'이란 하나님의 복음의 말씀과 그 말씀을 강설하는 설교, 그리고 세례와 성찬을 뜻하는데, 이러한 은혜의 방편이 '교회의 벽'을 세웁니다. 참된 믿음으로만 의롭게 됨을 강조하는 <하이델베르크 요리문답>의 65문답은 이에 대하여 다음과 같이 가르칩니다.

문: 오직 믿음으로만 우리가 그리스도와 그의 모든 은덕에 참여할 수 있는데, 이 믿음은 어디에서 옵니까?
답: 성령에게서 옵니다. 그분은 거룩한 복음의 강설로 우리의 마음에 믿음을 일으키며, 성례의 시행으로 믿음을 굳세게 하십니다.

성령님께서는 우리의 믿음을 먼저 "거룩한 복음의 강설"을 통해 일으키십니다. 복음, 곧 하나님의 말씀인 성경의 가르침*διδαχή*(디다케), 롬6:17 과 그 모든 가르침의 실체인 예수 그리스도를 강설하는 설교는 죄인들을 구원하시는 은혜로우신 하나님에 대한 믿음을 불러일으킵니다. 복음과 그 복음의 선포는 미련한 것이 아니라롬1:16~17; 고전1:21, 유대인이든 헬라인이든 "모든 믿는 자에게 구원을 주시는 하나님의 능력"롬1:16 입니다. 이 복음은 은혜롭고 신비로운 치유의 교환을 가르칩니다. 곧 죄가 없으신 예수 그리스도께서 우리의 죄 때문에 정죄되시고, 의가 없는 우리가 그리스도의 의로 인해 의롭다고 함을 받는 교환입니다롬8:3~4; 고전1:30; 고후5:21.

이렇게 복음의 강설이 일으킨 믿음은 이제 복음의 약속을 가리키는 표와 인인 '세례와 성찬'으로 확인되고 더욱 더 굳세어집니다. 세례는 예수 그리스도로 옷 입는 것을 의미합니다갈3:27. '그리스도로 옷 입는다'는 것은 예수 그리스도와 연합하여 그분 안으로 들어선다는 것을 의미합니다롬13:14. 이로써 세례는 복음이 약속하는 치유의 교환이 수세자受洗者의 것이 되었음을 확증합니다. 세례로 그리스도와 연합한 자는 이제 이 연합을 성찬으로 더 강화합니다. 그분의 살과 피를 먹고 마시라고 하시며, 지금 여기에서 성찬의 떡과 포도주를 나눠 주시는 성자 하나님께로부터 그분의 지체들은 그분의 살과 피를 받아먹고 마십니다. 이로써 지체들은 머리이신 그리스도의 소유임과 그분과 연합되어 한 몸이 되었음을 재차 확증합니다. 그뿐만 아니라 그리스도에게서 오는 자양분을 먹고 마셔 영적인 힘을 얻습니다.

또한 '교회의 벽' 안에는 은혜의 방편을 맡은 직분도 있습니다. 성부 하나님께로부터 파송 받아 사도로 오신 예수 그리스도께서는요 20:21; 히3:1 승천하시며 제자들을 파송하시어 사도로 임명하셨습니다요 20:21, 23. 이들이 맡은 봉사는 은혜의 방편을 시행하여 교회의 벽을 세우는 것이었습니다마28:19~20. 성령 하나님께서는 또한 목사엡4:11; 딤전5:17와 장로행14:23, 20:28; 엡4:11; 딤전5:17; 딛1:9; 벧전5:5와 집사행6:1~3; 롬16:1; 빌1:1; 딤전3:3의 직분을 세우시고, 이들에게도 은혜의 방편을 맡기시며 봉사를 명하셨습니다.

성령 하나님께서 직분을 통해 은혜의 방편을 시행하심으로 '교회의 벽'은 천국을 엽니다. 복음의 강설이 들려질 때, 예수 그리스도를 믿는 믿음이 생겨나며 천국이 열립니다. 세례로 그리스도와 연합하고 성찬으로 그 연합을 더욱 강화함으로 천국이 세례와 성찬에 참여한 자들의 소유가 됩니다. 그러므로 '교회의 벽'이 기독교인을 만들고*Ergo parietes faciunt christianos*, 교회 밖에는 구원이 없습니다*extra ecclesiam nulla salus*.

묵상과 나눔을 위한 물음

1. 아우구스티누스가 『고백록』에서 회심 장면을 묘사하는 부분에서, "*Tolle lege, tolle lege!*톨레 레게, 톨레 레게!(집어 들어 읽어라!)"라는 어린아이들의 외침을 듣고 성경을 집어 들어 로마서 13장 13~14절을 읽은 후 회심하게 되었다고 했습니다. 그때 그 어린아이들의 외치는 소리가 지금 나에게 어떤 의미로 다가옵니까?

2. 저자가 의도하는 '교회의 벽'은 무엇이고, 왜 '교회의 벽'만이 기독교인을 만든다고 설명합니까?

3. 은혜의 방편은 무엇입니까?

4. 어떻게 은혜의 방편이 기독교인을 만들며 구원의 방편이 됩니까?

5. 교회를 떠났거나 즐겨 찾지 않는 사람들을 우리는 어떻게 교회로 다시 인도할 수 있겠습니까?

"

성령 하나님께서 직분을 통해

은혜의 방편을 시행하심으로

'교회의 벽'은 천국을 엽니다.

"

위로

자신을 스스로 위로할 수 있다는 미몽에서 깨어나야 합니다.
진정한 위로는 삼위일체 하나님께로부터 옵니다.

우리 모두는 위로가 필요합니다.

청년들이 대학을 졸업한 후 취업난을 겪은 지 이미 오래입니다. 마땅한 일자리를 찾는 것이 갈수록 요원해 보입니다. 취업의 문턱에서 수차례 낙방하는 것은 이제 당연한 일이 되었습니다. 결혼의 문턱도 너무 높아졌습니다. 가정을 이루어 살아가는 일상을 꿈꾸는 것 자체가 녹록치 않은 시대를 살아가고 있습니다. 청년들에게는 그들의 부모만큼이라도 누리며 살 수 있을 것이라는 기대 자체가 사치가 되고 있습니다. 혹, 본인의 몸이 불편하거나 부모님을 포함하여 가족 중 누구라도 아프게 되면 고충은 더해집니다. 부모님을 일찍 여의었거나 가정이 화평치 못할 때도 마찬가지입니다. 이 모든 것에 더하여 최근 COVID-19코로나19로 인한 경제적 상황의 악화는 모두를 더욱 절망하게 만듭니다. 그러기에 지금 우리에게는, 특히 청년들에게는 무엇보다 따뜻한 위로가 필요합니다.

그러면 이 위로는 어디에서 올까요?

지난 2020년 1월부터 시작된 COVID-19가 우리나라의 경제활동에 끼친 악영향은 매우 큽니다. 하지만 이상하게도 2020년에 한국의 명품 시장의 규모는 대략 15조원으로 2019년에 비해 큰 차이가 없었습니다. 반면, 전 세계의 명품 시장은 COVID-19의 영향으로 2019년에 비해 19%나 감소하였습니다. 특히 미국에서는 22.3%가 줄었습니다. 유럽의 경제 강국인 독일도 명품 소비가 줄어 한국에게 7위를 내어주었습니다. 미국이든 독일이든 1인당 국민소득은 우리나라를 월등히 앞

섭니다. 2019년 기준으로 한국의 1인당 국민소득이 33,720달러일 때, 미국은 65,760달러였고, 독일은 48,520달러였습니다.

그런데 이보다 더욱 흥미로운 지표가 있습니다. 2020년 한국의 명품 시장에서 2030세대가 차지하는 비율입니다. 신세계백화점의 통계에 따르면, 20대가 전체 명품 소비의 10.9%, 30대가 39.8%를 차지하였습니다. 2030세대가 전체 소비의 50.7%를 차지한 셈입니다. 롯데백화점의 통계에 따를 때도 2030세대가 47%를 차지했다고 합니다.

이러한 현상을 굳이 '베블렌 효과'Veblen effect[1]와 '파노플리 효과'Panoplie effect[2]와 같은 사회심리학의 용어로 설명하지 않아도 이 현상이 의미하는 바를 충분히 파악할 수 있습니다. 즉 가격이 높거나 고급일수록 특별한 것으로 인식하고, 이러한 물품으로 자신을 돋보이게 하고자 명품 수요가 증가했고베블렌 효과, 특정 상품을 구매하여 그 제품을 사용하는 집단이나 계층과 동류가 되고자 하는 심리파노플리 효과가 2030세대에 퍼져 있다는 것입니다. 전혀 현실적이지 않은 집값과 끝이 보이지 않는 취업난에 좌절하는 젊은이들이 불투명한 미래에 대해 투자하는 것보다 현재의 소비를 통하여 자신을 스스로 위로하고 있는 것입니다.

이와 같은 지표와 현상들은 오늘을 살아가는 청년들에게 위로가 절실히 필요하다는 것을 보여줍니다. 그러기에 다시 질문해야 합니다. 위로는 어디에서 옵니까?

---

1. 소비재의 가격이 상승하는데도 오히려 수요가 증가하는 현상
2. 상품을 소비함으로써 그것을 소비할 것으로 여겨지는 계층 및 집단과 동일시되는 현상

2020년의 2030세대의 명품 소비가 보여주는 실태는 그리 새로운 현상은 아닙니다. 다시 말해, 소재와 방식이 달려졌을 뿐, 인간이 자신을 스스로 위로하고 싶어 한다는 측면에서 오늘날의 신세대는 '구세대'라고 할 수 있습니다.

인간이 자신을 스스로 위로하고자 하는 것, 곧 자위自慰의 욕망은 아주 오래된 욕구입니다. 인간은 할 수 있는 한 자신을 스스로 위로하려 합니다. 어찌 보면 자위 그 자체, 즉 자신을 스스로 위로할 수 있다는 그 자체가 인간에게는 큰 위로일 수 있습니다. 비록 자신을 둘러싼 상황들을 스스로 통제할 수 없을지라도, 적어도 자기 자신만큼은 스스로 위로하며 통제할 수 있다는 것이 기쁨이기 때문입니다. 즉 명품을 구매하는 것으로라도 자신을 스스로 위로할 수 있다는 것 자체가 큰 위로가 됩니다. 따라서 소위 힙하기[3]를 원하는 2030세대 역시 오래되고 보편적인 자위의 문화를 추구하고 있을 뿐입니다.

그런데 만약 오늘날의 2030세대가 추구하고자 하는 위로가 이러한 자위의 문화라면, 성경은 위로를 추구하는 방식을 수정하라고 가르칩니다. 왜냐하면 인간은 자신을 스스로 위로할 수 없다는 것이 성경의 교훈이기 때문입니다.

성경의 인물 중 자신을 스스로 위로할 수 있었던 대표적인 인물은 솔로몬입니다. 그는 누릴 수 있는 모든 부를 누렸습니다. 그러나 그의

---

3. '힙-하다'란 '고유한 개성과 감각을 가지고 있으면서도 최신 유행에 밝고 신선하다'라는 뜻이다.

가르침은 "모든 것이 헛되다."라는 것이었습니다전1:1~2. 여기서 '헛되다'라는 말의 뜻은 '수증기 같다, 안개 같다, 숨결 같다, 바람 같다'입니다. 곧 자신을 스스로 위로할 수 있는 부귀영화란 있는 것 같으나 없는 것이요, 잡을 수 있는 것 같으나 잡히지 않는 것이요, 남아 있는 것 같으나 쉬이 사라져 텅 비어 있는 것이라는 뜻입니다. 그러므로 솔로몬은 "여러분, 모든 것을 얻어 보십시오. 그 모든 것을 가졌을지라도 여러분의 손은 텅 비어 있음을 깨닫게 될 것입니다."라고 가르치는 듯합니다. 자신의 손으로 움켜진 것으로는 자신을 위로할 수 없다는 것이 그의 깨달음입니다.

반면, 성경은 자위가 아니라 타위他慰를 말합니다. 곧 전적으로 타자이신 하나님에게서 오는 위로입니다. 성경의 하나님은 위로의 하나님이십니다. 그분께서 선지자들을 보내신 이유는 그분의 백성을 위로하기 위해서입니다. 이사야 선지자는 이렇게 선포합니다.

"너희의 하나님이 이르시되 너희는 위로하라 내 백성을 위로하라"사40:1

시편 시인은 이렇게 말합니다.

"여호와께서 우리를 위하여 큰 일을 행하셨으니 우리는 기쁘도다"시126:3

시편이 노래하는 여호와 하나님은 그분의 백성을 위로하고 기쁘게 하시는 분이시기에, 시인들의 입술에서 이런 노래가 울려 퍼집니다.

"여호와께 감사하라 그는 선하시며 그의 인자하심이 영원함이로 다"시106:1; 시107:1; 108:1; 118:29; 136:1

마침내 그분의 백성을 위로하고자 하시는 하나님께서는 그분의 아들이신 예수 그리스도를 보내시어 가장 큰 위로와 기쁨을 주셨습니다.

"50예수께서 그들을 데리고 베다니 앞까지 나가사 손을 들어 그들에게 축복하시더니 51축복하실 때에 그들을 떠나 [하늘로 올려 지시니] 52그들이 [그에게 경배하고] 큰 기쁨으로 예루살렘에 돌아가 53늘 성전에서 하나님을 찬송하니라"눅24:50~53

성경의 교리를 요약한 <하이델베르크 요리문답>의 첫 문답은 우리를 위로하시는 삼위일체 하나님에 대한 것입니다. 즉 "살아서나 죽어서나 당신의 유일한 위로가 무엇입니까?"라는 질문에, 요리문답은 예수 그리스도를 중심으로 한 삼위일체 하나님께서 우리를 위로하신다고 대답합니다.

새롭게 시작하는 2022년이 참으로 신년이 되기 위해서는 우리가 자신을 스스로 위로할 수 있다는 미몽에서 깨어나야 합니다. 우리는 자신을 스스로 위로해야 한다는 강박과 잡은 것 같지만 텅 비어 있을 수밖에 없는 수고로부터 쉼을 얻어야 합니다. 우리의 위로가 우리의 손과 발에 달려 있지 않고 오직 위로하시는 삼위일체 하나님께로부터 온다는 것을 믿을 때, 옛 위로를 버리고 새 위로를 즐길 수 있습니다.

성경과 요리문답은 자위自慰가 아니라 타위他慰를 말합니다.

묵상과 나눔을 위한 물음

1. 나를 위로하는 것은 무엇입니까?

2. 불투명한 미래에 대해 투자하는 것보다 현재의 소비를 통해 자신을 스스로 위로하려는 2030세대의 심리가 의미하는 바는 무엇이고, 이에 대한 나의 생각은 어떠합니까?

3. 자신을 스스로 위로하는 자위自慰의 방식이나 문화에 대해 성경은 어떻게 평가합니까?

4. '모든 것이 헛되다'전1:1~2라고 했던 솔로몬의 고백이 의미하는 바는 무엇입니까?

5. 성부와 성자와 성령 하나님께서는 나를 어떻게 위로하십니까? (<하이델베르크 요리문답> 1문답 참조)

문: 살아서나 죽어서나 당신의 유일한 위로는 무엇입니까?
답: 살아서나 죽어서나 나는 나의 것이 아니요, 몸도 영혼도 나의 신실한 구주 예수 그리스도의 것입니다. 그리스도께서는 그의 보혈로 나의 모든 죗값을 완전히 치르시고 나를 마귀의 모든 권세에서 해방하셨습니다. 또한 하늘에 계신 나의 아버지의 뜻이 아니면 머리털 하나도 땅에 떨어지지 않도록 나를 보호하시며, 참으로 모든 것이 합력하여 나의 구원을 이루도록 하십니다. 그러므로 그의 성령으로 그분은 나에게 영생을 확신시켜 주시고, 이제부터는 마음을 다하여 즐거이 그리고 신속히 그를 위해 살도록 하십니다.

"

성경과 요리문답은

자위(自慰)가 아니라

타위(他慰)를 말합니다.

"

헤롯 vs.
하나님의 그리스도

교회는 '고난', '버림받음', 그리고
'죽음'이라는 단어를 부끄러워하지 않습니다.
이를 통해 헤롯이 아니라
하나님의 그리스도 편에 당당히 섭니다.

예수님과 그분을 따르던 제자들은 예수님의 공생애 동안 많은 대화를 나눴을 것입니다. 그중 가장 긴장감이 고조되었던 대화는 아마도 예수님께서 제자들에게 자신이 누구인지를 물으셨던 장면이 아닐까 합니다. 왜냐하면 이 짧은 대화로 제자들은 자신들이 예수님의 참된 제자인지를 증명해야 했기 때문입니다. 누가는 이 질문이 유발한 긴장감을 탁월하게 전달합니다.

누가는 예수님께서 공생애를 시작하시기 전 광야로 나가 사단에게 시험을 받으셨다고 기록합니다눅4:1~13. 시험을 받으시고 사단을 제압하신 예수님께서는 공생애를 시작하십니다. 활동 무대는 갈릴리였습니다. 이때부터 누가복음의 주제는 대중의 눈앞에 나타난 나사렛 청년 예수, 요셉의 아들 예수가 참으로 누구인지를 보여주는 것입니다.

예수님께서는 나사렛에서 활동을 시작하셨지만, 사람들이 그분을 배척하자 가버나움으로 무대를 옮기셨습니다. 그리고 그곳에서 병자들을 고치는 기적을 행하시고 가르침을 주셨습니다. 그런 다음, 5장에서부터 예수님께서는 제자, 곧 측근들을 모으기 시작하셨습니다. 먼저 베드로와 레위가 제자로 부르심을 받았습니다. 누가의 기록을 따라갈 때, 우리는 공적인 무대에 등장한 예수라는 청년이 기적을 행하고, 병자를 고치며, 그를 따르는 측근들을 불러 모으면서 차츰 대중의 인기와 지지를 받기 시작하였음을 알 수 있습니다.

그러던 중, 누가복음 6장에서 예수님께서는 안식일에 병자를 고치십니다. 이 일은 청년 예수와 관련하여 대단히 중요한 사건이었습니다. 왜냐하면, 그때 예수님께서는 자신을 하나님께로부터 직접 파송되어 하나님께서 부여하신 권한을 행사하는 자로 드러내 보이셨기 때문입니다.

그러자 유대인 중 일부는 나사렛의 촌뜨기가 신성모독을 한다며 예수님을 거부하기 시작합니다. 대중의 인기를 끄는 자에게는 반드시 중상모략 하는 반대파들이 생겨납니다. 하지만 예수님께서는 전혀 굴하지 않고 일하셨습니다. 그리고 자신의 최측근인 열두 제자를 모으시는 일을 마무리하셨습니다눅6:12~16. 뿐만 아니라, 권세를 가지고 더욱 설득력 있고 강력한 메시지로 가르침을 주셨습니다.

이렇게 되자, 예수님은 많은 비판과 시기에도 불구하고 더욱 많은 무리들에게 인기를 얻으셨습니다. 이와 관련하여 누가복음 7장은 흥미로운 사건을 기록합니다. 이방인 백부장과 관련된 사건입니다. 유대인도 아닌 이방인 백부장이 예수님의 능력과 권세에 감동하여 예수님에 대한 탁월한 믿음을 보이는 장면입니다눅7:9. 이는 예수님의 인기와 영향력이 비단 유대인만이 아니라 이방인에게도 퍼졌음을 보여주는 사건입니다.

더욱이 예수님께서는 병자만이 아니라 죽은 자도 살리시는 능력을 보이십니다. 누가복음 7장 11절 이하의 말씀을 보면, 나인 성에 있던 과부의 아들을 예수님께서 살리셨습니다. 이로써 예수님께서는 단지 병자를 고치는 신통한 의사 정도가 아니라, 생사를 주관하는 자이심을 보이십니다.

그러자 권세가 중에서도 예수님을 따르고 싶어 하는 자들이 나타납니다. 헤롯의 청지기인 구사의 아내 요안나와 수산나 및 다른 여러 여자가 함께하여 자기들의 소유로 예수님과 그분을 따르는 무리를 섬기기 시작한 것입니다눅8:3. 이제 예수님의 영향력은 미천한 자들이나 불쌍한 자들에게 뿐만 아니라, 부유하고 권세 있는 자들에게까지 미치게 되었습니다.

이쯤 되자, 당시 유대 땅을 다스리고 있던 헤롯 왕이 당혹스러워했던 것은 당연합니다. 헤롯은 예수님이 누군가 하여 그를 보고자 하였습니다눅9:7~9. 갈릴리의 나사렛 촌뜨기로 자라 고향에서 배척당했던 예수님은 이제 분봉 왕 헤롯조차 당혹스러워하며 만나고자 하는 인물이 되었습니다. 예수님께서는 이제 정치적 인물이 되신 것입니다!

이 시점에서, 누가는 헤롯의 걱정이 기우가 아니라 대단히 현실적이었음을 보여주는 사건을 절묘하게 기록합니다. 바로 오병이어 사건입니다눅9:10~17. 예수님께서는 물고기 두 마리와 떡 다섯 개로 남자만 오천 명을 먹이셨습니다. 여자와 아이들을 포함하면 족히 만 명이 넘는 큰 무리였습니다. 당시 수도 예루살렘이 10만 명 정도를 수용할 수 있는 도시였음을 고려한다면, 예수님 홀로 그 적은 음식으로 적어도 1만 명의 무리를 먹이셨다는 것은 이스라엘 백성들을 통솔할 능력을 갖춘 자로 칭송받기에 충분했음을 보여줍니다. 이제 예수님께서는 헤롯에 필적하는 정치지도자로 손색이 없는 인물로 대중에게 각인되기 시작했습니다.

바로 이때였습니다! 예수님께서 제자들에게 질문하십니다!

"무리가 나를 누구라고 하느냐"눅9:18

그러자 제자들은 헤롯이 들었던 소문과 동일한 대답을 합니다.

"대답하여 이르되 세례 요한이라 하고 더러는 엘리야라, 더러는 옛 선지자 중의 한 사람이 살아났다 하나이다"눅9:19; 9:7~8 참고

그러자 예수님께서 제자들의 의견을 묻습니다.

"너희는 나를 누구라 하느냐"눅9:20

예수님께서는 소문에 동의하지 않으신다는 뜻입니다. 이제 제자들은 그들이 예수님의 제자라면 응당 내놓아야만 하는 그럴듯한 대답을 제시해야 했습니다. 이에 베드로가 대답합니다.

"하나님의 그리스도시니이다"눅9:20

베드로는 정답을 말한 듯했습니다. 예수님께서는 하나님께서 보내시겠다고 약속하신 바로 그 그리스도이셨습니다!
그러나 베드로의 이 대답은 바르게 이해되어야 했습니다. 누가는 베

드로의 대답을 누가복음 전체 이야기의 흐름에서 절묘한 위치에 놓아 두고 있습니다. 이 대답 전, 이제 막 나사렛 청년 예수는 헤롯까지 두려 워하게 만들며 오병이어로 수많은 자들을 먹이고 통솔하는 정치 신인 이 되었습니다. 그리고 이 대답 후, 누가복음의 장면은 예수님께서 죽 으시기 위해 예루살렘을 향해 길을 떠나시는 장면으로 이어집니다.

이 절묘한 지점에 있는 베드로의 대답은 참된 의미가 분명히 드러 나야 합니다. 예수님께서는 하나님의 그리스도이십니다! 그러나 그분 께서는 헤롯을 두렵게 만드는 정치 신인으로서의 그리스도가 아니라, 예루살렘에서 죽으셔야 하는 그리스도이십니다!

> "인자가 많은 고난을 받고 장로들과 대제사장들과 서기관들에게
> 버린 바 되어 죽임을 당하고 제삼일에 살아나야 하리라"눅9:22

베드로가 생각한 메시아는 헤롯과 같은 왕이었던 것으로 보입니다. 적에게 고난을 주고, 버림받게 하고, 심지어 적의 목숨도 앗아 올 수 있는 메시아입니다. 그러나 예수님께서는 오히려 고난을 받고, 버림 받으며, 죽으셔야 하는 그리스도이셨습니다. '고난', '버림받음', 그리 고 '죽음'은 세상의 왕에게는 어울리지 않는 단어입니다. 하지만 예수 님께서는 이러한 단어들로 자신을 정의하셨습니다. 뿐만 아니라, 이제 그분을 따르는 제자들도 마찬가지로 '고난', '버림받음', 그리고 '죽음' 을 가까이해야 합니다.

"무리에게 이르시되 아무든지 나를 따라오려거든 자기를 부인하고 날마다 제 십자가를 지고 나를 따를 것이니라"눅9:23

제자들은 이제 예수 그리스도께서 고난 받고 십자가에서 버림받으며 죽으시는 것을 부끄러워하지 않아야 합니다눅9:26. 교회의 머리이신 그리스도께서 그분의 지체인 교회를 "내 뼈 중의 뼈요 살 중의 살이라"창2:23 하시며 부르십니다. 그 머리이신 그리스도께서는 고난을 받으시고, 버림을 받으시며, 죽으신 분입니다. 그러기에 그분께서 부르시는 교회 또한 '고난', '버림받음', 그리고 '죽음'이라는 단어를 부끄러워하지 않아야 합니다.

특히 이 세 단어는 죄와 관련되어야 합니다. 죄를 "마음으로 슬퍼하고 더욱더 미워하고 피하기"<하이델베르크 요리문답> 89문답 위해 고난을 받으며 죄에 대하여 죽는 삶이 그리스도를 주라 고백하는 자들의 영광이 되어야 합니다. 이를 통해 교회는 헤롯이 아니라 하나님의 그리스도 편에 당당히 서게 됩니다.

묵상과 나눔을 위한 물음

1. 제자들을 모으고, 기적을 행하고, 병자를 고치고, 죽은 자를 살리고, 물고기 두 마리와 떡 다섯 개로 족히 만 명이 넘는 큰 무리를 먹이는 청년 예수의 활동을 두고 바리새인을 비롯한 종교지도자들이나 헤롯 왕의 반응은 어떠했습니까?

2. "무리가 나를 누구라고 하느냐"눅9:18라는 예수님의 질문에 대한 제자들의 대답은 무엇이었고, 그것이 의미하는 바는 무엇입니까?

3. "너희는 나를 누구라 하느냐"눅9:20라는 예수님의 질문에 대한 베드로의 대답은 무엇이었고, 그것이 의미하는 바는 무엇입니까?

4. 나는 주 예수 그리스도로부터 무엇을 기대합니까?

5. '고난', '버림받음', 그리고 '죽음'이라는 단어들은 그리스도를 주로 고백하는 나에게 무엇을 의미합니까?

❝

제자들은 이제

예수 그리스도께서 고난 받고

십자가에서 버림받으며 죽으시는 것을

부끄러워하지 않아야 합니다.

❞

탄식의 치료제,
하나님의 신실하심을 믿음

시편 13편

탄식으로부터의 해방은 상황의 변화에 있지 않습니다.
탄식의 치료제는 하나님의 신실하심을 신뢰하는 믿음입니다.

그리스도는 이 세상에 사셨던 모든 기간에, 특히 생의 마지막 시기에 모든 인류의 죄에 대한 하나님의 진로를 자신의 몸과 영혼에 짊어지셨습니다.

이 문장은 <하이델베르크 요리문답>제15주일 37문답이 사도신경의 고백 중 "고난을 받으사"를 해설하는 대목입니다. 그리스도는 십자가 수난으로 이어지는 전 생애 동안 고난을 받으셨습니다. 이 고난은 "나의 하나님 나의 하나님 어찌하여 나를 버리셨나이까?"라는 탄식으로 끝날 것입니다. 하나님으로부터 버림받음을 슬퍼하는 탄식! 예수 그리스도의 예표인 다윗의 탄식 또한 바로 이러한 탄식이었습니다.

시편 13편은 대표적인 다윗의 탄식시입니다. 다윗은 악인의 기승과 의인의 실패가 끝이 없으며, 원수가 의인을 짓밟고 승리하는 것으로 말미암아 탄식하였습니다.

"나의 영혼이 번민하고 종일토록 마음에 근심하기를 어느 때까지 하오며 내 원수가 나를 치며 자랑하기를 어느 때까지 하리이까"시13:2

또한, 다윗은 악인들이 의인들을 이겼다고 자랑하고 대적들이 기뻐하는 것 때문에 너무나 원통했습니다.

"두렵건대 나의 원수가 이르기를 내가 그를 이겼다 할까 하오며

내가 흔들릴 때에 나의 대적들이 기뻐할까 하나이다"^{시13:4}

그러나 시편 13편은 승승장구하는 악인들에 의한 탄식만을 말하고 있는 것은 아닙니다. 오히려 더 근본적인 이유로 다윗의 탄식은 더욱 깊어집니다.

"여호와여 어느 때까지니이까 나를 영원히 잊으시나이까 주의 얼굴을 나에게서 어느 때까지 숨기시겠나이까"^{시13:1}

다윗의 문제의식은 바로 여기에 있습니다. 그의 존재를 뒤흔들어 놓는 탄식은 단지 악인들의 승리, 뻐기는 그들의 교만, 그리고 냉소적인 그들의 비웃음에 의한 것이 아닙니다. 오히려 나약하고 선량한 의인을 비호하셔야 할 여호와께서 다윗 자신을 잊어버리신 듯한 경험, '하나님 부재'의 경험, 곧 '무신론의 현장'이 그의 근원적인 탄식의 이유입니다. 이는 예수님께서 "어찌하여 나를 버리셨나이까?"라고 탄식하신 것과 같습니다. 십자가에서 달리신 성자 하나님을 조롱하는 무리 앞에서 성부 하나님께서 침묵하시는 '무신론의 적막'이야말로 예수님께서 탄식하도록 만든 이유입니다.

우리의 신앙의 깊은 탄식, 곧 기도의 깊은 탄식도 결국 시편 13편 1절의 문제입니다. 하나님께서 우리를 잊어버리신 듯하며, 주께서 얼굴을 돌리신 듯할 때, 그래서 하나님의 부재를 말하는 무신론의 상황 한

가운데 있는 듯할 때, 우리는 우리의 존재 근거를 잃어버립니다.

이에 비한다면, 우리 주위의 악인들의 승리와 죄인들의 번영은 사실 그리 큰 문제가 되지 않습니다. 기도 가운데서, 그리고 우리의 삶 가운데서 '하나님'을 부르지만, 우리의 부름에 응답이 없는 무신론의 상황이야말로 탄식하지 않을 수 없는 불안의 시간과 공간입니다.

그러기에 하나님이 부재하시는 듯한 무신론의 상황에서 다윗이 드리는 기도의 제목은 단순히 악인의 패망과 의인의 승리가 아닙니다. 악인의 심판과 의인의 복권도 아닙니다. 무신론의 현장 한가운데서 드리는 다윗의 처절한 기도는 하나님의 눈길을 갈구하는 것입니다.

"여호와 내 하나님이여 나를 생각하사 응답하시고 나의 눈을 밝히소서 두렵건대 내가 사망의 잠을 잘까 하오며"시13:3

다윗은 "나를 생각하사", 곧 여호와 하나님이여 "나를 눈여겨 보소서"라고 기도합니다. 다윗의 괴로움은 악인의 승리도, 죄인들의 흥왕도, 그리고 자신의 실패와 불행도 아닙니다. 자기 내면에 싹트고 있는 하나님 부재의 무신론과 싸워야 하기에, 다윗은 처절하게 기도해야 합니다.

하나님의 눈을 내게로 돌리소서!

이 기도는 어떻게 응답됩니까? 이 기도가 응답되기는 하였습니까?

절망스럽게도 시편 13편의 다윗은 이 질문에 대해 답하지 않습니다. 하나님께서 어떻게 무신론의 상황에서 벗어나게 하셨는지, 또 어떤 특별한 은혜를 베푸셨는지를 다윗은 언급하지 않습니다. 악인과 선인은 어떻게 되었는지, 하나님께서 어떻게 다윗을 다시 생각하셨는지, 그리고 어떻게 다윗은 하나님의 돌보심을 받게 되었는지도 시편 13편은 말하지 않습니다. 기도 응답이 없습니다! 하나님이 부재하시는 듯한 무신론이 여전합니다!

그러나 기도응답이 없는 무신론의 자리에서 곧장 다윗의 시편 5~6절은 찬송으로 옮겨갑니다.

> "5나는 오직 주의 사랑을 의지하였사오니 나의 마음은 주의 구원을 기뻐하리이다 6내가 여호와를 찬송하리니 이는 주께서 내게 은덕을 베푸심이로다" 시13:5~6

깊은 탄식에서 찬송으로 바뀌는 이 전환은 갑작스럽고 당황스럽습니다. 탄식을 노래하는 부분인 시편 13편 1~4절은 5~6절의 찬송을 위한 어떤 가능성도 보여주고 있지 않기 때문입니다. "나를 생각하소서"라는 기도는 아직 응답되지 않았습니다. 변한 것은 아무것도 없습니다. 악인의 기승과 무신론의 상황은 여전합니다.

그렇다면 시편 13편 5~6절의 찬송은 도대체 어디에서 기인합니까?

"나는 오직 주의 사랑을 의지하였사오니"시13:5

바로 이것입니다. "주의 사랑", 곧 하나님의 신실하심ㄱ_{תִסֶ}(헤세드)입니다! 약속하신 바에 신실하신 하나님, 언약에 대하여 영원히 미쁘신 하나님, 다윗의 아버지가 되시어 그의 왕위를 영원히 지키시겠다고 약속하신 하나님삼하7:14~16! 이 신실하신 하나님께서 그 어떤 무신론의 상황에서도 홀로 언약에 미쁘시니, 다윗은 악인이 흥왕하고 의로우신 하나님이 부재하시는 듯하여 탄식할 수밖에 없는 시간과 공간에서도 찬송할 수 있습니다. 신실하신 하나님을 믿는 믿음이 탄식을 이깁니다!

시편 13편에서 다윗은 탄식으로부터의 해방은 상황의 변화에 있는 것이 아니라, 여전히 약속하신 바에 신실하신 하나님께 있음을 가르칩니다. 여전한 상황에서도 하나님의 신실하심을 믿는 다윗은 탄식 가운데 찬송합니다. 탄식의 치료제는 하나님의 신실하심을 신뢰하는 믿음입니다.

묵상과 나눔을 위한 물음

1. "여호와여 어느 때까지니이까 나를 영원히 잊으시나이까 주의 얼굴을 나에게서 어느 때까지 숨기시겠나이까"시13:1라는 다윗의 탄식에 담겨 있는 의미는 무엇입니까?

2. 마치 하나님이 함께 계시지 않는 듯하여 탄식하고 슬퍼했던 경험이 나에게 있습니까?

3. "여호와 내 하나님이여 나를 생각하사 응답하시고 나의 눈을 밝히소서 두렵건대 내가 사망의 잠을 잘까 하오며"시13:3는 무신론의 현장 한가운데서 드리는 다윗의 처절한 기도입니다. 이 기도에 대한 응답은 침묵이었습니다. 기도응답이 없는 무신론의 자리에서 다윗은 어떤 고백을 합니까?

4. 하나님께서 나에게 주신 약속은 무엇입니까?

5. 하나님의 신실하심을 신뢰하는 믿음은 무엇입니까?

열 번째 이야기

"나는 전능하신 아버지 하나님,
천지의 창조주를 믿습니다"

시편 19편

믿음은 고난과 역경에도 불구하고
인내하며 하나님께 순종하는 것입니다.
순종하는 삶에서만 사도신경은
우리의 고백이 됩니다.

우리가 예배에서 고백하는 사도신경은 "나는 전능하신 아버지 하나님, 천지의 창조주를 믿습니다."로 시작합니다. 고대 교회로부터 전수되어 온 이 고백이 오늘을 사는 우리에게는 무엇을 의미할까요? 이 질문에 시편 19편이 답을 줍니다.

시편 19편은 내용적으로 두 부분으로 나눌 수 있습니다. 첫 번째 부분은 1~6절이고, 7~14절이 두 번째 부분입니다. 1~6절은 하늘과 태양이 천지를 창조하신 하나님의 창조물임을 노래합니다. 그리고 7~14절은 하나님께서 주신 율법에 대한 찬송입니다.

먼저, 첫 번째 부분인 1~6절에는 고대인들에게 가장 위대한 신이라고 할 수 있는 존재들인 하늘과 태양이 등장합니다. 이 두 존재는 고대인들에게는 경배의 대상이었습니다. 그러나 시편 19편을 지은 다윗은 하늘과 태양이 신적인 존재나 경배의 대상이 아니라, 오히려 전능하신 여호와 하나님의 창조물임을 강조합니다.

하늘은 하나님의 피조물로서 1절에서와 같이 하나님의 영광을 보고하고, 궁창은 하나님께서 그분의 손으로 하신 일을 드러내야 합니다. 태양도 마찬가지입니다. 태양 또한 하나님께서 만들어 놓으신 피조물로서 자신을 창조하신 하나님을 찬송해야 합니다. 5~6절은 당시 사람들이 태양을 신으로 찬송한 노래의 내용과 유사해 보입니다. 하지만 이로써 다윗은 신으로 숭배해야 할 태양조차도 하나님께서 하늘에 두신 피조물에 불과함을 강조하는 것입니다.

이렇게 다윗은 1~6절까지 이방인들이 노래하며 섬기던 하늘과 궁창, 그리고 태양을 소재 삼아 창조주 하나님을 찬송합니다. 곧, 하나님께서는 모든 피조물, 심지어 신과 같은 존재들까지 창조하신 창조주로서 홀로 전능하신 분이심을 노래하는 것입니다.

그런데 시편 19편은 여기서 끝나지 않습니다. 오히려 1~6절까지의 내용은 7~14절의 내용을 강조하기 위한 서론에 불과합니다. 즉, 천지를 창조하신 전능하신 하나님께서 그분의 백성들에게 율법을 주셨다는 것이 바로 다윗이 강조하고 싶은 것이었습니다.

전능하신 하나님께서 율법을 주신 것을 더욱 찬양하는 이유는 출애굽기 20장에 잘 나타나 있습니다.

> "1하나님이 이 모든 말씀으로 말씀하여 이르시되 2나는 너를 애굽 땅, 종 되었던 집에서 인도하여 낸 네 하나님 여호와니라 3너는 나 외에는 다른 신들을 네게 두지 말라"출20:1~3

하나님께서는 율법을 이스라엘 백성들에게만 주셨습니다. 그런데 이 율법을 주시기 위해 하나님께서는 출애굽이라는 구원 사건을 통해 그분의 전능하신 능력을 이스라엘 백성들에게 선물하셨습니다. 천지를 창조하신 하나님의 전능하심은 모든 민족, 심지어 애굽의 이방인들에게까지 은혜로운 것이었습니다. 그러나 출애굽이라는 구원사건을 일으키신 하나님의 전능하심은 이스라엘 백성에게만 주신 선물이며, 율법 또한 그러합니다.

이런 점에서 창세기 1장은 모든 민족에게 동일하게 보여주시는 하나님의 전능하심이지만, 출애굽 시키시며 율법을 주신 것은 이스라엘 백성에게만 보여주시는 하나님의 전능하심입니다. 다시 말해, 하늘과 땅을 모든 민족을 위해 창조하신 하나님께서 이스라엘 백성을 편애하시어 그분의 전능하신 능력을 그들에게만 보여주시며 그들을 구원하시고, 그들에게 율법을 선물로 주셨다는 것입니다.

그렇기 때문에 시편 19편에 따르면, 하나님께서는 천지를 창조하셨기 때문에 전능하시지만, 또한 이스라엘 백성을 구원하시며 율법을 주셨기 때문에 더욱 전능하십니다. 하나님께서는 창조주이심과 동시에 더욱 구원의 "반석"이시며 "구속자"이십니다시19:14.

이처럼 율법을 주신 전능하신 하나님을 노래하는 다윗은 하나님의 전능하심을 믿는 참된 믿음의 모습이 무엇인지도 가르칩니다.

"또 주의 종이 이것으로 경고를 받고 이것을 지킴으로 상이 크니이다"시19:11

"나의 반석이시요 나의 구속자이신 여호와여 내 입의 말과 마음의 묵상이 주님 앞에 열납되기를 원하나이다"시19:14

곧, 전능하신 구속자이신 여호와 하나님을 믿는 믿음은 그분께서 율법을 주셨기에 그 율법을 지키는 것이요, 입의 말과 마음의 묵상이 여호와 앞에 열납되도록 율법으로 온 존재를 가득 채우는 것입니다.

다시 말해, 시편 1편의 복 있는 자가 되는 것이야말로 하나님의 전능하심을 참으로 믿는 것입니다.

> "복 있는 사람은 …… 오직 여호와의 율법을 즐거워하여 그의 율법을 주야로 묵상하는도다[읊조리도다]" 시1:1~2

이와 같은 시편 19편의 메시지가 "나는 전능하신 아버지 하나님, 천지의 창조주를 믿습니다."라는 사도신경의 첫 고백이 무엇을 의미하는지 우리에게 가르칩니다. 시편 19편과 마찬가지로, 우리는 단지 전능하신 '창조주'를 믿는 것이 아닙니다. 우리는 전능하신 창조주께서 우리에게 전능하신 '아버지'이심을 믿습니다. 곧, 창세기 1장의 전능하신 창조주께서는 성자 하나님으로 말미암아 성령 하나님 안에서 우리를 입양하시어 그분을 아버지라 부르도록 구원하시는 "전능하신 아버지 하나님"이심을 우리는 믿습니다.

우리를 구원하시는 것에서 하나님의 전능하심이 계시되었기에, 바울은 다음과 같이 가르칩니다.

> "내가 복음을 부끄러워하지 아니하노니 이 복음은 모든 믿는 자에게 구원을 주시는 하나님의 능력이 됨이라 먼저는 유대인에게요 그리고 헬라인에게로다" 롬1:16

구원의 복음이 하나님의 전능하신 능력입니다. 고린도전서에서도 동일합니다.

구원하시는 십자가의 도가 하나님의 전능하심입니다. 또한 시편 19편이 말하듯이, 하나님의 계명에 순종하는 것이 전능하신 창조주께서 전능하신 아버지 하나님이심을 고백하는 것입니다. 이와 같은 순종의 본은 전능하신 아버지를 참으로 신뢰하신 예수 그리스도께서 보이신 본이기도 합니다. 마태복음 27장 46절이 말해주는 예수 그리스도의 삶은 시편 22편 1~2절로 귀결되는 고난이었습니다.

"1내 하나님이여 내 하나님이여 어찌 나를 버리셨나이까 어찌 나를 멀리하여 돕지 아니하시오며 내 신음 소리를 듣지 아니하시나이까 2내 하나님이여 내가 낮에도 부르짖고 밤에도 잠잠하지 아니하오나 응답하지 아니하시나이다"시22:1~2

그런데도 성자 하나님께서는 이 땅에서 성부 하나님께 끝까지 순종하셨습니다. 전능하신 아버지 하나님을 참되게 믿는 믿음은 고난과 역경에도 불구하고 인내하며 하나님께 순종하는 것입니다. 이와 같은 순종을 통해 "나는 전능하신 아버지 하나님, 천지의 창조주를 믿습니다."라는 사도신경의 첫 고백이 그 참된 모습을 갖게 됩니다. 전능하신 아버지 하나님을 신뢰하기에 그분께 순종하는 삶에서만 사도신경은 오늘 우리의 고백이 됩니다.

묵상과 나눔을 위한 물음

1. 시편 19편이 노래하는 하나님의 전능하심은 무엇입니까?

2. 사도신경은 왜 하나님을 창조주만이 아니라 '전능하신 아버지'라고 고백합니까?

3. 저자는 "시편 1편의 복 있는 자가 되는 것이야말로 하나님의 전능하심을 참으로 믿는 것"이라고 말합니다. 이것은 어떤 의미이고, 또 나에게는 어떻게 다가옵니까?

4. 어떻게 고난 가운데 하나님께 순종함이 하나님의 전능하심을 믿는 믿음입니까?

"

전능하신 아버지 하나님을 신뢰하기에

그분께 순종하는 삶에서만

사도신경은 오늘 우리의 고백이 됩니다.

"

무신론자의 하나님

우리는 일상 속에서 고의적이고 악의적인
무신론자의 모습으로 하나님을 침묵시킵니다.
그럼에도 불구하고 하나님께서는 여전히 자비로우십니다!

사무엘하 11장에는 다윗과 관련하여 아주 유명한 사건이 기록되어 있습니다. 다윗이 밧세바라는 여인을 취한 사건입니다. 이는 죽고 죽이는 전쟁이 한창인 가운데서 정작 전쟁을 진두지휘해야 할 왕이 전장과 동떨어진 왕궁에서 행했던 사적이고 은밀한 행적이었습니다.

그런데 사무엘하 전체를 보면, 이 사건의 여파가 실로 큼을 알 수 있습니다. 다윗의 왕위에 대한 사무엘하의 서술이 11장의 이 사건을 기점으로 크게 바뀝니다. 이 사건 전까지 다윗은 이스라엘 외부의 적과 싸웠습니다. 그러나 이후로 다윗은 이스라엘 내부의 적과 더욱 처참한 싸움을 해야 했습니다. 사무엘하 11장 전까지 다윗은 외적과 싸워 승리하며 그의 왕위를 굳건히 해갔습니다. 그러나 11장 이후로 그의 왕위는 조금씩 쇠퇴의 길을 걷게 됩니다. 이렇듯 밧세바를 취한 사건은 그의 왕위 전체를 뒤흔드는 심각한 사건이었습니다.

그렇다면 왜 이 사건이 그토록 심각한 범죄였을까요? 한 여인을 취하기 위해 다윗이 행했던 일련의 행실들이 그 이유를 알려 줍니다. 다윗은 참된 왕이신 여호와 하나님께서 세우신 언약을 믿고, 그분께 순종하며, 그분을 대리해서 통치해야 할 직분자였습니다. 그런데 이 사건에서 그는 더 이상 순종하는 직분자가 아니었습니다. 오히려 주변 이방나라들의 다른 왕들처럼 자기 스스로가 통치하려 했습니다. 직분자여야 했던 다윗이 직분자이기를 멈출 때, 곧 파송을 받았기에 파송하신 분께 순종해야 했던 왕이 파송한 자의 자리를 찬탈할 때, 순종하는 직분자만이 가질 수 있는 권위가 상실되는 것은 당연한 일입니다.

밧세바를 취하기 위해 다윗이 행했던 행동들을 살펴봅시다. 그는 한 여인을 취하기 위해 모든 것을, 스스로, 혼자서, 주도면밀하게 통제하고자 했습니다. 사무엘하 11장에서 다윗과 관련된 동사는 모두 능동형입니다. '다윗이' 보냅니다. '다윗이' 취합니다. '다윗이' 불러들입니다. '다윗이' 계략을 짭니다. '다윗이' 호의를 베풉니다. '다윗이' 권고합니다. '다윗이' 술 취하도록 합니다. '다윗이' 돌려보내기도 합니다. 그리고 마지막에 '다윗이' 살인을 명령합니다.

모든 것은 다윗의 적극적인 행동이었습니다! 다윗이 모든 것을 스스로, 혼자서, 주도면밀하게 통제하고자 했습니다. 이러한 서술에서 여호와 하나님은 전혀 등장하지 않습니다. 다윗이 행동하는 속도가 어찌나 빠른지, 여호와 하나님과 그분의 뜻에 할애할 시간적, 공간적 틈이 사무엘하 11장에는 전혀 보이지 않습니다. 자신을 직분자로 파송하신 여호와 하나님과 그분의 뜻을 위해 그 어떤 시간적, 공간적 틈을 주고 있지 않은 다윗은 적어도 이 장면에서만큼은 파송 받은 직분자가 아니라 스스로가 파송하는 주권자였습니다.

더 이상 하나님의 대리통치자이거나 파송 받은 직분자로서가 아니라 주권자로 등장하는 다윗의 교만은 십계명 중 일곱 번째 계명과 열 번째 계명을 범하는 죄를 낳습니다.

"그 여인이 임신하매 사람을 보내 다윗에게 말하여 이르되 내가 임신하였나이다 하니"삼하11:5

이 아이는 분명 다윗의 아이였습니다. 왜냐하면 이 사건 바로 전에 밧세바가 월경 후에 행해야 할 정결 의식을 행하였기 때문입니다삼하 11:2. 이렇듯 하나님의 계명을 주도적으로, 그리고 아주 적극적으로 어기고 있는 다윗은 더 이상 직분자가 아니었습니다.

그런데 이러한 다윗과 극명하게 대비를 이루는 한 인물이 등장합니다. 그는 바로 밧세바의 남편 우리야입니다. 그는 헷 사람이었습니다. 즉 이방인이었습니다. '여호와는 나의 빛'이라는 그의 이름에서 알 수 있듯이, 그는 이방인이었지만 이스라엘의 하나님을 믿게 된 자였습니다. 그는 전장에서 돌아와 아내와 동침할 것을 은근히 권하는 다윗의 계략에도 불구하고, 여호와 하나님의 전쟁 중에 장수가 지켜야 할 정결을 지키기 위해 아내와 동침하지 않고 왕궁 문에서 잠을 잤습니다. 다윗이 재차 계략을 써서 그를 술 취하게 했음에도, 그는 여전히 율법을 따라 정결을 지키기 위해 아내와 동침하지 않았습니다.

더욱이 그가 다윗에게 했던 대답이 그의 신실함과 충성심을 여실히 보여줍니다.

"우리야가 다윗에게 아뢰되 언약궤와 이스라엘과 유다가 야영 중에 있고 내 주 요압과 내 왕의 부하들이 바깥 들에 진치고 있거늘 내가 어찌 내 집으로 가서 먹고 마시고 내 처와 같이 자리이까"삼하11:11

사실 이러한 우리야의 모습이 본래 다윗의 모습이었습니다.

> "3내가 내 장막 집에 들어가지 아니하며 내 침상에 오르지 아니
> 하고, 4내 눈으로 잠들게 하지 아니하며 내 눈꺼풀로 졸게 하지
> 아니하기를 5여호와의 처소 곧 야곱의 전능자의 성막을 발견하
> 기까지 하리라 하였나이다" 시132:3~5

그러나 지금은 이방인인 우리야가 여호와의 언약에 신실하고, 그분
의 법궤를 지키기 위해 충성을 다하고, 여호와께서 명하신 규례를 지
키고, 여호와의 백성인 이스라엘을 위해 목숨을 바치고, 심지어 여호
와께서 세우신 다윗을 위해서도 목숨을 바치는 30인 중의 한 명으로
자리합니다. 이에 반해, 다윗은 택함을 입어 파송을 받은 직분자임에
도 불구하고 오히려 파송하신 여호와 하나님을 등지고 있습니다. 지금
이 순간만큼은 잡다한 신을 섬기던 조상들의 후손인 우리야가 참된 유
신론자입니다. 반면, 여호와 하나님만을 신뢰해야 했던 다윗은 오히려
철저하게 무신론자입니다.

이러한 다윗의 무신론은 너무나 악합니다. 왜냐하면, 여호와 하나
님을 알지 못한 자들의 무신론은 알지 못한 그들의 무지에서 온다고
하겠지만, 다윗은 누구보다 여호와 하나님을 잘 알고 있었기 때문입
니다. 즉 하나님의 뜻을 알고 있고, 또 하나님께서 말씀하신 바를 알고
있음에도 불구하고 하나님을 침묵시키는 무신론자는 훨씬 더 악의적

이고 고의적인 무신론자인 것입니다.

이러한 측면에서 다윗은 또 다른 아담일 뿐이었습니다. 하나님을 알고 그분의 뜻을 앎에도 불구하고 마치 하나님이 계시지 않는 것처럼 행하는 자들이나 파송을 받은 자들임에도 불구하고 파송한 자를 무시하는 자들, 분명 이들은 고의적이고 악의적인 무신론자들입니다.

그러나 하나님께서는 이렇게 고의적이고 악의적인 무신론자인 다윗에게까지 한없이 자비로우십니다. 다윗의 이러한 범죄에도 불구하고, 하나님께서는 사무엘하 7장에서 그에게 주셨던 약속을 여전히 지켜 가십니다. 아담의 후손인 다윗은 아담과 같이 고의와 악의로 죄를 지었지만, 하나님께서는 그럼에도 불구하고 주신 약속 때문에 다윗을 선대하십니다. 아담도, 다윗도 하나님을 침묵시켰지만, 하나님께서는 여전히 그들에게 말씀하셨고, 그들을 용서하셨으며, 그들에게 하신 약속을 확인시키셨습니다.

우리 모두 다윗이요, 우리 모두 아담입니다. 우리도 고의와 악의로 하나님을 침묵시키곤 합니다. 하나님의 뜻은 성경에 명백하지만, 우리는 마치 성경이 하나님의 계시가 아닌 듯 분명하게 기록된 말씀을 어기곤 합니다. 하나님의 뜻을 즐겁게, 그리고 신속하게 따르기보다 그 뜻을 거스르는 것에 더욱 빠르며, 죄 가운데 있는 것을 은근히 즐깁니다.

하지만 이렇듯 고의적이고 악의적인 무신론자의 모습을 보이는 우리에게도 하나님께서는 여전히 자비로우십니다. 우리의 일상 속에서 계속해서 그분을 침묵시키려 하는 우리를 하나님께서는 여전히 부르시고, 용서하시고, 약속을 확인시키시고, 애호하십니다. 그 이유와 근거는 하나님께서 우리와 맺으신 새 언약의 중보자이신 예수 그리스도 때문입니다.

예수 그리스도 때문에 하나님께서는 고의적이고 악의적으로 무신론자의 모습을 보이는 우리를 사랑하고 용서하십니다. 무신론자에게도 자비로우신 하나님! 예수 그리스도의 십자가와 부활이 주는 은혜입니다.

묵상과 나눔을 위한 물음

1. 저자는 밧세바를 취하기 위해 다윗이 행했던 행동들을 두고서 파송 받은 직분자가 아닐뿐더러 철저하게 마치 무신론자처럼 행했다고 평가합니다. 어떤 점에서 그러합니까?

2. 저자는 밧세바의 남편이자 이방인인 우리야가 참된 유신론자라고 평가합니다. 어떤 점에서 그러합니까?

3. 나는 무신론자입니까, 유신론자입니까?

4. 무신론자처럼 행동한 다윗을 하나님께서 여전히 용납하신 이유는 무엇입니까?

"

무신론자에게도 자비로우신 하나님!
예수 그리스도의 십자가와 부활이 주는
은혜입니다.

"

열두 번째 이야기

유신론자의 믿음

사랑이신 하나님께서는 우리를
멀리 떠나지 않으시고 가까이 계십니다.
고난 중에도 '이 하나님'을 껴안는 것,
이것이 참된 유신론자의 믿음입니다.

"주의 성소를 불사르며 주의 이름이 계신 곳을 더럽혀 땅에 엎었나이다" 시74:7

시편 74편은 무너진 성전과 함께 하나님의 이름이 짓밟히고 있음을 슬퍼합니다. 또한 이렇게 탄식합니다.

"하나님이여 대적이 언제까지 비방하겠으며 원수가 주의 이름을 영원히 능욕하리이까" 시74:10

암울한 상황 속에서 더욱 괴로운 것은 하나님의 부재입니다.

"하나님이여 주께서 어찌하여 우리를 영원히 버리시나이까" 시74:1

이스라엘의 적들이 하나님의 성전을 파괴하고, 이스라엘 백성들을 유린하였습니다. 이로써 하나님의 이름을 더럽히고 능욕합니다. 하지만 74편에서의 하나님께서는 침묵하셨습니다. 그러니 74편의 주제는 하나님을 향한 공격적인 질문입니다. '언제까지 하나님은 침묵하십니까?'

이러한 질문에 대한 대답이 시편 75편입니다.

"주의 말씀이 내가 정한 기약이 이르면 내가 바르게 심판하리니" 시75:2

하나님께서 정한 기약이 있습니다. 그 정한 기약에 하나님께서는 침묵하지 않으시고 하나님의 이름을 능욕하는 자들을 공의롭게 심판하실 것입니다. 그러기에 74편의 암담함에 대한 응답으로써 75편은 하나님을 향한 감사로 시작합니다. 그것도 두 번이나 '감사하라'라는 동일한 동사를 사용하여 온 회중이 하나님께 큰 감사의 찬송을 드리고 있습니다.

그러나 75편의 회중과 찬양 인도자가 처한 상황을 들여다보면, 75편 1절의 큰 감사와 찬송이 어색합니다. 왜냐하면 하나님의 공의로운 심판의 때가 아직 오지 않았기 때문입니다.

"주의 말씀이 내가 정한 기약이 이르면"시75:2a

아직 여호와 하나님께서 공의롭게 심판하실 정한 기약이 오지 않았습니다! 분명 하나님의 공의로운 심판이 가깝습니다. 그러나 아직 현재는 아닙니다. 무너진 성전이 현재입니다! 하나님의 이름이 능욕을 받는 것이 현재입니다! 앗수르 왕 산혜립의 침략이거나 바벨론의 통치자들에게 이스라엘이 붙잡혀 있는 것이 현재입니다! 75편의 '현재'는 여전히 74편과 동일합니다! 이러한 황망한 '현재'의 실상을 고려할 때, '아직' 오지 않은 심판의 기약은 큰 감사와 찬송의 제목이 될 수 없습니다.

하지만, 75편을 자세히 살펴보면, 1절의 큰 감사와 찬송의 확실한 이유와 근거가 따로 있다는 것을 알 수 있습니다. 시간의 문제가 아닙니다! 비록 74편에서 '언제까지입니까?' 하고 물었고, 75편 2절에 정한 기약이 있다는 하나님의 말씀이 있지만, 현재의 참혹한 상황에서도 큰 감사와 찬송을 하나님께 드릴 수 있는 이유와 근거는 언제일지 모르는 '정한 기약'에 대한 피상적인 기대가 아닙니다. 오히려 감사 찬양의 근거는 '하나님이 어떠한 분이신가'에 대한 '믿음'입니다.

75편 전체를 찬찬히 살펴보면, 75편은 하나님께서 침묵을 깨고 심판하실 그때가 구체적으로 언제인지에 대해, 또는 얼마나 가까이 왔는지에 대해 자세한 이야기를 하고 있지 않습니다. 오히려 3절에서 8절까지, 그리고 10절은 하나님께서 누구신가에 대한, 마치 한 편의 설교와 같은 고백입니다.

하나님은 땅의 경계를 정하시고 땅의 기둥을 굳건하게 받치고 계신 온 세상의 창조자이십니다시75:3. 이 하나님께서는 오만한 자들에게 오만하지 말 것을 경고하시는 분이시고, 악인들이 하나님을 무시하고 자신들의 뿔, 곧 권세와 권력을 자랑할 때 그들의 교만을 경고하시는 유일한 분이십니다시75:4~5. 왜냐하면 온 세상을 창조하시고 지금도 다스리시는 하나님만이 높이시고 낮추시는 권한을 가지시기 때문입니다시75:6~7. 하나님을 대적하는 오만하고 악한 자들을 하나님께서는 반드시 심판하는 분이시기에, 악인들에게 진노의 잔을 부으시고 그들의 뿔을 베어 버리십니다시75:8, 10.

이와 같은 하나님께서 멀리 계시지 않고 가까이 계십니다.

"하나님이여 우리가 주께 감사하고 감사함은 주의 이름이 가까 움이라" 시75:1

정한 기약이 가까운 것이 아니라 하나님의 이름이 가깝습니다. 곧, 하나님 그분께서 가까이 계십니다! 그분은 여전히 이스라엘을 떠나시지 않으셨습니다! 온 만물을 창조하시고 보존하시는 분, 높아짐과 낮아짐을 주관하시는 분, 하나님의 이름을 능욕하며 하나님의 백성들을 강탈하는 오만한 자들과 악한 자들을 능히 공의로 심판하시는 분, 이 하나님께서 가까이 계시기에 황망한 현실에서도 큰 감사와 찬송이 터져 나옵니다.

75편의 시인과 회중에게는 '정한 기약'이 '언제인가'라는 시간의 문제가 중요하지 않습니다. 그들에게는 '하나님이 어떠한 분이신가'가 중요합니다. "이와 같은 하나님이 우리에게 가까이 계신다!" '정한 기약'도 이와 같은 하나님께서 하신 약속이기에 반드시 도래할 것입니다.

그러기에 회중과 찬양 인도자는 하나님께 지금 믿음을 보이고 있습니다. '정한 기약'이 '언제인지' 모릅니다. 하나님께서 어떤 방식으로 심판하실지도 구체적으로 모릅니다. 현실은 여전히 암담합니다. 그러나 회중과 찬양 인도자는 믿음이 생겼습니다. 여호와 하나님은 공의롭게 심판하는 분이심을 신뢰하는 믿음입니다. 비록 그분의 심판이 아직 오지 않았지만, 그리고 성전이 무너지면서 그분의 이름도 현실에서 짓밟히고 있지만, 반드시 공의로 심판하시는 하나님께서 자신들을 멀리 떠나지 않고 가까이 계심을 이들은 믿습니다. 75편 9~10절은 이 믿음에서 터져 나오는 외침입니다.

나는 야곱의 하나님을 영원히 선포하며 찬양하겠습니다.
하나님은 악인들의 뿔을 다 베고 의인의 뿔을 높이십니다.

개혁주의 신앙은 '믿음'을 강조합니다. 그런데 '믿음'이라는 행위는 그 자체로 존재하지 않습니다. 항상 '믿음'에게는 믿음의 대상이 '먼저' 있습니다. '믿음'은 그 대상에 의해 만들어지고 '믿음'의 가치는 그 대상에 의해 매겨집니다. 그러기에 '믿음'을 강조하는 개혁주의 신앙이 먼저 강조하는 것은 믿음의 대상이신 '하나님'이십니다.

시편 75편과 마찬가지로, '하나님이 어떤 분이신지' 알고 고백할 때시75:3~8, 믿음이 솟아납니다시75:9~10. 개혁주의 신앙이 강조하는 하나님은 예수 그리스도 안에서 죄인을 구원하시는 자비와 은혜의 하나님이십니다. 죄인인 우리를 부르시어 우리의 아버지가 되어 주신 하나님이십니다. 그뿐만 아니라 '우리의 아버지가 되시겠다'라는 약속을 영원히 신실하게 지키시는 하나님이십니다. 이 하나님이 믿음의 대상입니다.

우리의 현실은 시편 74편과 75편의 현실과 크게 다르지 않습니다. 앗수르나 바벨론같이 하나님을 대적하여 하나님의 백성들을 물리적으로 핍박하는 경우는 드물지만, 우리는 물리적인 핍박만큼이나 치명적인 영적 핍박 가운데 삽니다. 우리가 사는 이 세대는 하나님의 이름으로부터 스스로 멀리 떠난 지 오래입니다. 오만하고 악하여 스스로 하나님을 멀리 떠나 하나님이 없다고 하거나, 하나님을 침묵시키는 세상 가운데 우리는 삽니다. 오늘의 사조와 문화에는 명백하게 하나님의 말씀에 어긋나는 오만하고 악한 것들이 한둘이 아닙니다. 영적인 바벨론과 앗수르, 곧 우리를 날마다 공격하는 죄와 악에 의해, 그리고 죄인들과 악인들에 의해 우리는 사방으로 둘러싸여 있습니다.

그러나 우리의 아버지가 되신 하나님은 오만과 악을 행하는 모든 죄인과 악인들의 뿔은 꺾으시고 의인의 뿔은 높여 주시는 분이십니다. 바울이 고백하듯이, 그 어느 것도 주 그리스도 예수 안에 있는 하나님의 사랑에서 끊을 수 없도록 우리를 지키시는 하나님이십니다!

> "38내가 확신하노니 사망이나 생명이나 천사들이나 권세자들이나 현재 일이나 장래 일이나 능력이나 39높음이나 깊음이나 다른 어떤 피조물이라도 우리를 우리 주 그리스도 예수 안에 있는 하나님의 사랑에서 끊을 수 없으리라"롬8:38~39

이와 같은 하나님께서 우리를 멀리 떠나지 않으시고 가까이 계십니다시75:1. 이와 같은 하나님께서 우리와 함께 계십니다임마누엘. 개혁주의 신앙이 강조하는 '믿음'은 고난 중에도 '이 하나님'을 껴안는 것입니다. 이것이 참된 유신론자의 믿음입니다.

묵상과 나눔을 위한 물음

1. 시편 74편의 시인이 슬퍼한 이유와 시편 75편의 시인이 감사하고 찬양하는 이유는 무엇입니까?

2. 마치 하나님께서 부재하시고 침묵하시는 듯한 상황에서도 우리는 왜 기도할 수 있습니까?

3. 고난 중에 나를 떠나지 않으시고 나와 함께하시는 하나님은 어떤 분이십니까?

4. 저자는 '믿음'을 강조하는 개혁주의 신앙이 먼저 더욱 강조하는 것은 믿음의 대상이신 '하나님'이시라고 설명합니다. 그 이유는 무엇입니까?

5. 저자의 글을 참고하여 참된 유신론자의 믿음에 대해 정리해 보고, 또 자신의 믿음의 상태는 어떠한지 정직하게 살펴봅시다.

"

바울이 고백하듯이,

그 어느 것도

주 그리스도 예수 안에 있는

하나님의 사랑에서 끊을 수 없도록

우리를 지키시는 하나님이십니다!

"

유신론자의 믿음 2

참된 유신론자는 하나님이 주시는
약속을 받은 자입니다.
'약속'을 믿는 '믿음',
성경을 하나님의 말씀으로 믿는
그리스도인의 삶의 유일한 방식입니다.

창세기 25장 1~11절은 아브라함의 부고입니다. 위대한 믿음의 조상인 아브라함이 죽었음에도 성경은 그저 향년 175세임을 밝히면서 그의 임종 소식을 소박하게 전달합니다창25:7~8. 이에 더하여, 성경은 그의 생애 마지막에 일어난 것으로 보이는 두 가지 행적을 기록합니다. 그런데, 납득할만한 해설이 없다면 왜 성경이 이 두 행적을 그의 부고와 함께 기록하고 있는지를 이해하기가 어렵습니다.

먼저, 아브라함이 '그두라'라는 후처를 얻었다는 기록입니다창25:1. 아브라함은 여종 하갈에게서만 서자를 가진 것이 아닙니다. 그는 '그두라'라는 후처를 두었고, 이 여인으로부터 많은 아들을 가졌다고 성경은 기록합니다. 그런데, '과연 임종이 가까울 때에 아브라함이 후처를 두었을까?'라는 의문이 들기에, 그의 부고와 기사와 함께 기록된 이 행적은 후처를 둔 시기와 관련하여 쉽게 납득되지 않습니다. 이에 대해 성경학자들은 비록 아브라함의 부고와 함께 기록된 행적이지만, 아브라함이 임종 가까이 와서 후처를 얻었던 것은 아닌 것으로 설명합니다. 오히려, 아브라함이 하갈을 통해 이스마엘을 얻은 후 그두라를 후처로 둔 것으로 보입니다. 이러한 해설을 따라 그가 후처를 보다 일찍 얻었다고 한다면, 시기와 관련하여 의문이 다소 해소됩니다.

하지만, 두 번째로 기록된 행적은 아브라함의 무정함을 보여주는 것으로 보여 더욱 해설이 필요합니다. 그것은 재산분배와 관련된 것입니다. 성경은 다음과 같이 말합니다.

> "5아브라함이 이삭에게 자기의 모든 소유를 주었고, 6자기 서자
> 들에게도 재산을 주어 자기 생전에 그들로 하여금 자기 아들 이
> 삭을 떠나 동방 곧 동쪽 땅으로 가게 하였더라"창25:5-6

이 구절은 얼핏 아브라함은 이삭뿐만 아니라 서자들에게도 자기 재
산을 동등하게 나누어 준 것으로 보입니다. 그러나 자세히 들여다보면
그렇지 않습니다. 아브라함은 이삭에게 자신의 "모든 소유"창25:5를 주
었습니다!

그렇다면 서자들에게 준 재산은 무엇일까요창25:6? 생명을 잠시 부
지할 수 있을 정도의 선물로 보입니다. 이렇게 읽게 될 때, 이 장면은
아브라함이 생애 마지막에 친자에 대한 편애와 서자에 대한 멸시를 보
여준 것으로 오해될 수 있습니다.

그러나 성경이 아브라함의 마지막 행적과 관련하여 말하고자 하는
바는 아버지로서의 무책임한 행동이나 친자에 대한 편애가 아닙니다.
오히려 성경은 '약속'과 '믿음'에 대해 말합니다. 이것이 아브라함의
부고 소식 마지막에 함축적으로 기록되어 있습니다.

> "아브라함이 죽은 후에 하나님이 그의 아들 이삭에게 복을 주셨
> 고 이삭은 브엘라해로이 근처에 거주하였더라"창25:11

아브라함의 부고 기사는 이 결론을 말하고자 기록된 것입니다. 아
브라함의 죽음은 그 자체로 미화될 사건이 아닙니다. 그의 죽음은 그

의 아들 이삭의 등장으로 이어져야 합니다. 왜냐하면 이것이 창세기 12장에서 주신 하나님의 약속이기 때문입니다.

아브라함이라는 인물을 등장시키는 성경의 기록은 역사적으로 그가 어떤 인물이었는가에 집중하지 않습니다. 창세기 12장은 그 시작에서 아브라함의 기품, 위인적인 행적, 탁월한 덕성, 그의 재력, 혹은 그의 집안에 대한 여타의 설명을 생략하고 있습니다. 오히려, 아브라함이라는 인물이 성경에 기록된 유일한 이유는 하나님께서 그에게 '약속'을 주셨기 때문입니다창12:1~3. 성경이 말하는 아브라함의 존재의미는 그 자신에게 있는 것이 아니라, 그에게 주신 '하나님의 약속'에 있습니다. 그리고 이 약속은 땅과 자손에 대한 것으로 요약됩니다. 하나님께서 가나안 땅을 하나님이 아브라함에게 주실 자손, 곧 이삭에게 주시겠다는 약속입니다.

이렇게 아브라함에 대한 기록은 '하나님의 약속'의 관점에서 시작되었기에, 그에 대한 마지막 기록도 동일한 관점에서 마무리되어야 합니다. 약속을 따라 아브라함은 약속의 자손인 이삭이 약속받은 땅인 가나안 땅을 차지하여 거주할 수 있도록 모든 재산을 이삭에게 주었습니다. 그리고 서자들은 가나안 땅을 떠나서도 생명을 부지할 수 있도록 선물을 주어 내보냈습니다. 하나님의 약속 때문에 존재해야 했던 아브라함은 하나님의 약속을 따라 행함으로써 그의 생애를 마무리해야 합니다.

이런 시작과 끝을 가진 아브라함의 생애는 한마디로 '믿음'으로 요약됩니다. 믿음은 약속을 뒤따릅니다. 하나님께서 약속을 먼저 주시면, 그 약속에 대한 믿음이 뒤따릅니다. 창세기 12장에서 하나님께서 약속을 주셨고, 그 약속을 그의 생애 동안 하나님께서 이루셨으며, 드디어 그의 생애 마지막에서도 이루십니다. 아브라함은 약속을 받았기에 약속을 믿었고, 또 그 약속을 이루시는 하나님을 믿었습니다. 성경에 기록된 그의 생애의 시작도 믿음이었고, 그가 자신의 생애를 마감하는 방식도 믿음입니다. 약속을 믿기에 아브라함은 이삭이 하나님께서 약속하신 가나안 땅을 차지할 수 있도록 모든 재산을 이삭에게 주었습니다.

이것이야말로 성경의 하나님을 믿는 유신론자의 삶입니다. 성경이 말하는 하나님은 약속하시는 분이십니다. 참된 유신론자는 하나님이 주시는 약속을 받은 자입니다. 이때, 이 유신론자의 삶의 방식은 믿음입니다. 왜냐하면 약속은 믿음을 동반하기 때문입니다. '약속'을 믿는 '믿음'이 성경을 하나님의 말씀으로 믿는 모든 그리스도인의 삶의 유일한 방식입니다.

묵상과 나눔을 위한 물음

1. 아브라함의 부고인 창세기 25:1~11에 '그두라'를 후처로 얻었다는 기록과 친자 이삭과 서자들에게 재산을 분배했다는 내용이 함께 실렸음에도 불구하고, 이 것이 궁극적으로 담아내려고 했던 것은 무엇입니까?

2. 성경이 말하는 아브라함의 존재의미는 무엇에서 찾을 수 있습니까?

3. 아브라함을 왜 '믿음의 조상'이라고 부를 수 있습니까?

4. 아브라함의 생애를 볼 때, '믿음'과 '약속'의 사이의 관계를 어떻게 설명할 수 있 습니까?

5. 참된 유신론자는 무엇을 믿는 자입니까?

> 참된 유신론자는 하나님이 주시는
> 약속을 받은 자입니다.
> 이때, 이 유신론자의 삶의 방식은 믿음입니다.
> 왜냐하면 약속은 믿음을 동반하기 때문입니다.

무신론의 세상에서 유신론자로 살기

찬송과 믿음의 기도

자비로우신 아버지 하나님,
하나님의 아들 주 예수 그리스도를 보내시어
그리스도와 함께 우리를 죄에 대해 죽게 하시고,
하나님을 향하여 살아나게 하셨으며,
하늘에 앉혀 주신 은혜를 찬송합니다.
약속의 보증인 성령 하나님을 보내시어
성령께서 우리를 이미 앉혀 주신 하늘로 인도하시는
은혜를 찬송합니다.
우리는 하나님보다 자기 자신을 더욱 사랑하여
늘 하나님을 떠나고자 하는 죄인입니다.
성부와 성자와 성령 하나님,
죄인인 우리를 불쌍히 여기사
하나님 앞에서 떠나지 않도록 지켜 주옵소서.

교회를 세우신 아버지 하나님,
하나님께서 우리를 보살피시기 위해
교회를 세워 주심을 감사드립니다.
참 왕이신 예수 그리스도께서
하늘과 땅의 모든 권세로 교회를 통해
우리를 지키심을 감사드립니다.
참 선지자이신 그리스도께서 말씀의 선포로
하나님의 약속을 들려주시니 감사드립니다.
참 대제사장이신 그리스도께서 세례와 성찬을 통해
죄인인 우리를 그리스도와 한 몸 되게 하시고,
십자가와 부활에 참여하게 하시며,
그리스도의 살과 피를 먹고 마심으로써
영혼과 육신을 새롭게 하심을 감사드립니다.
성령 하나님께서 믿음을 주셔서
그리스도께서 베푸시는 이 풍성한 은혜의 자리에
늘 참여하도록 우리를 이끄시니 감사드립니다.
성부와 성자와 성령 하나님께서 우리를 교회 안에서 돌보시니,
교회를 사랑하게 하옵소서.

약속에 신실하신 아버지 하나님,
교회를 통해 우리를 하나님의 형상으로 회복시키시니,
하나님의 형상으로 살아가게 하옵소서.
하나님의 말씀에 불순종하는 죄인들과
자신만을 사랑하며 자신을 위해 무엇이든지 행하는 악인들과
하나님을 무시하고 으스대는 오만한 자들이
우리를 둘러쌉니다.
그러나 우리는 하나님의 자녀이며
하나님의 형상으로 살아가기를 원하오니,
아버지가 되어 주신 하나님께서
우리를 늘 위하신다는 약속의 말씀으로
우리의 마음을 가득 채워 주옵소서.
그리하여 말할 수 없는 괴로움과
눈물 흘릴 수밖에 없는 고통 속에서도
이 약속을 신실하게 지키시는 하나님을
믿고 소망하고 사랑하게 하옵소서.

은혜가 풍성하신 아버지 하나님,

약속에 신실하신 하나님을 믿고 소망하며 사랑하기에

우리는 하나님의 뜻에 순종하기를 원합니다.

모든 선한 것을 은혜로 주사

우리로 하나님께 순종하도록 도우소서.

주께서 주시는 도움에 힘입어 우리가 순종할 때,

순종을 하나님께서 홀로 기쁘게 받아 주옵소서.

예수님 이름으로 기도합니다. 아멘.